基于区块链技术的高校优质教育资源平台构建方案

高飞 ◎ 著

西南交通大学出版社
·成都·

图书在版编目（CIP）数据

基于区块链技术的高校优质教育资源平台构建方案 / 高飞著. -- 成都：西南交通大学出版社，2023.11
ISBN 978-7-5643-9306-9

Ⅰ. ①基… Ⅱ. ①高… Ⅲ. ①高等学校 – 教育资源 – 资源建设 – 研究 – 中国　Ⅳ. ①G649.2

中国国家版本馆 CIP 数据核字（2023）第 093266 号

Jiyu Qukuailian Jishu de Gaoxiao Youzhi Jiaoyu Ziyuan Pingtai Goujian Fangan
基于区块链技术的高校优质教育资源平台构建方案

高　飞 / 著	责任编辑 / 李华宇
	封面设计 / GT 工作室

西南交通大学出版社出版发行
（四川省成都市金牛区二环路北一段 111 号西南交通大学创新大厦 21 楼　610031）
营销部电话：028-87600564　028-87600533
网址：http://www.xnjdcbs.com
印刷：成都中永印务有限责任公司

成品尺寸　170 mm × 230 mm
印张　10.75　　字数　202 千
版次　2023 年 11 月第 1 版　　印次　2023 年 11 月第 1 次

书号　ISBN 978-7-5643-9306-9
定价　58.00 元

图书如有印装质量问题　本社负责退换
版权所有　盗版必究　举报电话：028-87600562

FOREWORD 前 言

　　教育信息化是时代发展的潮流，教育资源的开放取用是教育信息化的重要表现之一，也就显得意义非凡。然而，教育资源的全面开放也导致了很多问题，一方面使资源的创造者、服务提供者、资源使用者无法受到很好的约束，另一方面也没办法对教育资源的产权进行划分和界定，从而导致资源储存风险，资源版权保护力度弱，资源质量降低等。区块链技术的出现，能很好地解决这些问题。从本质上看，区块链技术具有去中心化、防篡改、可追溯等特点，能够对虚拟空间的资源使用进行规范。目前，区块链技术已经从最初的虚拟数字加密货币向着多种其他场景发展，为不同领域提供虚拟空间的去中心化解决方案，教育领域也不例外。

　　2019年，中共中央、国务院印发《中国教育现代化2035》，制定了国家的教育发展战略，为我国未来教育发展指明了方向。该文件特别指出，要创新教育服务业态，建立数字教育资源共建共享机制，完善利益分配机制、知识产权保护制度和新型教育服务监管制度。习近平总书记在中央政治局第十八次集体学习时强调，要把区块链作为核心技术自主创新的重要突破口，加快推动区块链技术和产业创新发展。由此可见，我国未来教育领域将出现"区块链+"的发展趋势，这是区块链技术研究不断深入的必然结果。正是在这种背景之下，本书将区块链技术应用于高校优质教育资源共享平台的建设，以解决高校优质教育资源的存储、版权和资源创新激励、优质资源分配等问题。

　　全书共五章内容，第一章概述区块链技术的发展历史、内涵特征、运行结构及关键技术；第二章对当前高校优质教育资源配置现状进行分析，包括优质教育资源构成、高校教育资源配置机理和国内外高校教育资源配置状况；第三章对高校优质教育资源平台的需求、架构、流程等平台总体设计进行研究；第四章研究高校优质教育资源平台的具体设计，包括数据存储更新方案设计、功能逻辑设计、智能合约代码设计；第五章是高校优质教育资源平台运行和关键模块的实现，并对平台进行优化测试。以此促进区块链技术在教育领域的实践应用与发展。

作者

2023 年 2 月

CONTENTS 目 录

第一章 区块链技术概述……………………………………………………1
 第一节 区块链的发展历史……………………………………………1
 第二节 区块链的内涵特征……………………………………………13
 第三节 区块链的运行结构……………………………………………23
 第四节 区块链的关键技术……………………………………………50

第二章 高校优质教育资源配置现状分析………………………………60
 第一节 优质教育资源概述……………………………………………60
 第二节 高校优质教育资源的特性与构成……………………………76
 第三节 高校教育资源配置的发展历史与现状………………………85
 第四节 高校教育资源优化配置的机理分析…………………………98

第三章 基于区块链技术的高校优质教育资源平台总体优化设计……108
 第一节 高校优质教育资源平台需求分析……………………………108
 第二节 高校优质教育资源平台总体架构设计………………………111
 第三节 高校优质教育资源平台数据流程设计………………………113

第四章 基于区块链技术的高校优质教育资源平台具体优化设计……115
 第一节 基于平台代币的高校优质教育资源创建激励机制…………115

第二节　教育资源数据存储与更新方案设计…………………………118
第三节　高校优质教育资源平台功能逻辑设计…………………………120
第四节　高校优质教育资源平台智能合约代码设计……………………126

第五章　基于区块链技术的高校优质教育资源平台实现与优化测试…………135
第一节　高校优质教育资源平台开发环境搭建与部署…………………135
第二节　高校优质教育资源平台运行的基本步骤………………………142
第三节　高校优质教育资源平台关键模块的实现………………………149
第四节　高校优质教育资源平台优化测试………………………………156

参考文献……………………………………………………………………163

第一章
区块链技术概述

区块链是继个人计算机、互联网之后最具颠覆性的发明之一，是一种集合点对点传输、分布式数据存储、共识机制、加密算法等多种计算机技术的新型计算机应用模式，将在全球范围内引发新一轮的技术创新和产业变革。尽管它的发展历史较为短暂，但是却像狂风一般席卷全球，备受科技界尤其是金融界的关注。最初，人们只知比特币，不识区块链。后来，人们发现区块链不仅仅可以作为支持数字货币比特币交易的底层技术，还能脱离比特币，应用于金融、贸易、征信、物联网、共享经济等诸多领域。区块链凭借其安全性，可以帮助私人公司或者政府部门建立更加值得信赖的网络，可以让用户更加放心地分享信息和价值。目前来看，区块链应用已经较为普及，在智能制造、物联网、供应链管理和数字资产交易等领域都有很多应用，可以预知未来的区块链应用将更为广泛。

第一节 区块链的发展历史

一、区块链发展简述

区块链最早的文字描述来自一篇论文，即 2008 年化名为中本聪(Satoshi Nakamoto)的神秘人物在一家密码论坛上发布论文帖《比特币：一种点对点的电子现金系统》(Bitcoin: *a peer to peer electronic cash system*)。该文对比特币系统进行了详细描述，尤其是研究了如何用对等(Peer-to-Peer，P2P)网络来创建不需要依赖信任的电子交易系统，同时指出区块链是这种电子现金系统的核心技术，通过一种数据结构来记录比特币交易的账目。比特币系统运行多年之后，一些金融机构才开始关注作为底层支撑技术的区块链。区块链本质上是一种非常巧妙的分布式共享账本技术，对金融及其相关行业的影响可能不亚于复式记账方法的发现。

2014年前后，业界开始认识到区块链技术的重要价值，并通过智能合约技术将其用于数字货币外的分布式应用领域。2014年10月，大英图书馆中举办了一次技术讨论会，参会人员对区块链形成了统一的认识，人们对比特币的发展现状和未来在金融领域的应用前景进行了系统而深入的探讨。由此开始，区块链开始频频出现于全球各大媒体，成为最热门的关键词之一。

毫无疑问，2015年是世界区块链元年，因为在这一年，特别是下半年区块链迅速发展，全球金融机构和区块链相关的新闻层出不穷，越来越多的企业机构开始"拥抱"区块链。划时代的标志是《华尔街日报》（The Wall Street Journal）刊文称，区块链是最近500年以来在金融领域最重要的突破，《经济学人》（The Economist）杂志发表 The promise of the block chain: the trust machine，在封面介绍区块链为"创造信任的机器"，提出区块链技术将在各个层面上深远地影响人类社会，可以在没有中央权威机构的情况下，为交易双方建立信任关系。文章认为区块链不仅是一项加密货币，还可以在环境不确定、信息不对称的情况下建立经济活动的信任生态体系。区块链比比特币更有价值，可以让人们在没有中央权威的监督的背景下，建立起彼此之间的协作信任。故而，区块链是一种在去中心化的双方交易中，创造信任的机器。通过利用分布式时间戳服务器和点对点网络，区块链数据库能够进行有效的自主管理。这样一来，作为比特币底层支撑技术的区块链就能使比特币成为目前第一个可以解决重复消费问题的数字货币。现在的比特币设计已经成为其他应用程序的主要灵感来源。2015年12月，爱沙尼亚政府加入区块链去中心化的管理项目——比特国（Bitnation），通过 E-居民（E-Residents）项目为国内的居民建立区块链身份，并为居民提供出生证明、结婚证明、商务合同、公证等相关服务。

进入 2016 年后，区块链的重要价值开始被业界大规模地认识到。通过智能合约技术，区块链开始应用于数字货币以外的分布式应用领域。世界经济论坛（WEF）甚至预测，到 2050 年，世界 GDP 的 10%都将存储在区块链上或者应用区块链技术。区块链除了可以应用在经济领域，还可以应用于政府治理和公共管理领域。将区块链技术引入政府治理和公共服务之中，建立区块链政府，是目前公共管理领域探索和发展的新方向。中国、爱沙尼亚、英国、美国等国家政府都已经启动区块链政府建设项目。

2016 年 1 月，英国政府发布关于区块链的研究报告《分布式账本技术：超越区块链》，评估了区块链在公共管理工作和私人服务工作等方面的巨大潜力，指出基于区块链技术的政府数字化改造方案能够进一步增强公民与政府之间的数据共享、数据透明度。这充分说明，英国已经将区块链政府建设上升为了国家战略。2016 年 6 月，希拉里·克林顿在总统竞选演讲中呼吁在政府公共服务工作中要采用区块链技术。2016 年 10 月，我国工业和信息化部出台区块链技术第一份官方指导文件《中国区块链技术和应用发展白皮书(2016)》。该文件对区块链在中国的发展现状和趋势进行研究，重点分析区块链关键核心技术在金融、供应链管理、文化产业、社会公益、教育就业等领域的应用前景，并且将区块链视为提升社会治理水平的重要技术手段。

2017 年，欧洲议会发布关于区块链的新报告——《区块链如何改变我们的生活》，对区块链技术的价值和挑战进行了全面总结。同时，目前很多国家政府已经将比特币列为合法的货币。2017 年 4 月，日本政府宣布比特币成为一种合法的支付方式，同年 7 月，澳大利亚政府将比特币列为合法货币，废除其商品和服务税。直至 2020 年，全球已经有 99 个国家出台了不限制比特币的相关法律。

总而言之，区块链技术应用前景广泛，不仅可以提升政府的公共治理效率，也能够建构起强大的优质高效的政府治理服务模式。

二、区块链的诞生过程

区块链技术被认为可以创造颠覆式创新模式，其引发技术革新和产业变革的巨大潜力已引起各个国家和国际组织的高度关注。目前，区块链的应用已延伸到金融业、智能制造、政务管理、交通、公共设施、通信与媒体等多个领域。区块链技术作为支撑比特币运行的底层技术与比特币同时引起人们的关注。同时，比特币也是区块链技术目前应用最成功的案例之一。因此，了解比特币的发展过程是解析区块链起源的必经之路。

（一）从物物交换到数字货币的产生

人类使用货币的初衷是为了便于交换。在原始社会中，人们使用以物易物的方式换取所需要的物品，如用一条鱼换一斗米。但是这种方式常常会受到物品种类的限制，譬如 A 想得到 1 只羊，但他手里只有 2 只鸡，而 B 手里有 1 只羊，但他需要的是一些鱼，所以 A 和 B 的交易无法直接达成，往往需要经过很多次复杂的中间交换过程才能达成或根本无法达成。这种情况下必须寻找一种双方都能够接受的通用物品，这种物品就是原始的货币。石头、贝壳、宝石和沙金等物品都曾被用作货币。

随着人类社会的发展与技术的进步，货币系统也逐渐发展与完善。由于金属具有耐久性、稀有性与可切割复原性，且需要花费一定的时间与劳动成本进行冶炼锻造，在相当长的一段历史时期，金、银以及铜和铜合金在世界各国被作为货币进行流通。但随着经济的进一步发展，金属货币的流通性差和磨损问题逐渐凸显，于是出现了作为金属货币的象征符号的纸币。到 19 世纪末，资本主义经济出现了空前的膨胀与发展，纸币逐渐成为主要的流通货币，但是纸币的发行仍需黄金作为保障，因此，这种货币称为"金本位"下的可兑换货币。

随着世界经济和全球贸易的发展，金属货币的供给总量出现了严重不足的情况，使"金本位"的货币体系日趋崩溃。1971 年 8 月，布雷顿森林体系宣告破产，美元与黄金的自由兑换停止，从此我们的社会进入不可兑货币时代，各国开始实行浮动性的汇率。不可兑货币是在当前世界被最广泛认可的货币，不同国家的中央银行根据本国设立的货币政策进行统一发行。然而，随着科技发展和社会进步，社会生活中现金结账的方式和场合正在消失，电子货币成为消费支付的主流方式。从根本上来看，电子货币尽管有现金货币无法比拟的便捷性，但是由于其中心化的架构特征，面对日趋复杂的网络环境，还是不能为安全保证其可靠性。

密码技术和互联网技术的发展，让数字加密货币开始成为一个更好的替代方案。从现金货币到电子货币，再到目前的数字货币，人类社会的货币形态经过了漫长的演化过程。20 世纪 80 年代，密码朋克（Cypherpunk）对于加密货币就有了初步的设想。为奖赏那些致力于保护公民隐私的黑客，蒂莫西·梅（Timothy May）发明了无法追踪的电子货币，名称为加密信用（Cryp to Credits）。1990 年，大卫·乔姆（David Chaum）发明新的密码学网络支付系统 E-cash，主要以盲签名技术为基础，不仅不可追踪，也能够保护隐私安全。8 年之后，戴伟（Wei Dai）于 1998 年提出匿名的分布式电子加密货币系统 B-money，使数字货币的发展更进一步。2005 年，比特金（Bitgold）的概念由尼克·萨博（Nick Szabo）提出，比特金和后来的比特币已经极为相似。尽管早期的数字货币发明和尝试都以宣告失败而告终，这是现金货币时代可以预料的事情。但也正是在这些前辈们对数字货币坚持不懈的探索的基础上，以区块链技术为基础的比特币出现了，跨越所有技术障碍和限制，成为当前最流行的数字货币。

（二）数字货币的难点与比特币的诞生

早期数字货币的失败主要是因为产品没有解决或只是部分解决了数字货币的几个核心问题：

（1）如何建立分布式共识：即建立具有容错性的系统，节点之间在没有互信基础时，在部分节点失效的情况下仍能达成共识并保证信息传递的一致性。

（2）"双重支付"问题：由于数字货币仅仅是信息，摆脱了金属和纸币的有形化约束,如何防止数字货币像文本一样被复制粘贴之后随意使用成为另一个问题。

(3)货币的发行机制:即如何保证数字货币发行和分配的合理性。

比特币可以成功运行多年,也正在于其解决了上述几个关键问题。2008 年 11 月,中本聪发布文章《比特币:一个点对点的电子现金系统》(Bicoin: A peer-to-peer Electronic Cash System),该文章系统阐述了他对新型电子货币的构想,也就是以区块链技术为基础的比特币系统。比特币系统的提出,一举解决了电子货币发展的三大难题:一是重复支付问题,二是发行量控制问题,三是对第三方中心的依赖问题。这篇文章的核心观点主要有。

第一,采用点对点的交易技术,超越传统的点面交易过程。

第二,不需要现实世界的金融实体机构参与其中。

第三,引入密码学的可加密重复使用的工作量证明技术(POD)代替传统的中心信任。

第四,该系统之中的多数节点都是完全忠实的,可以共同维护最长链。

第五,这些节点能够离开和重新加入网络之中,收到最长链变化的通知,并以此更新账本。

我们深入分析比特币系统的这些技术和功能,可以发现点对点和非对称加密算法解决了分布式交易账本的问题,能够重复使用的工作量证明技术解决了数字支付系统中的双重支付问题,杜绝那些不怀好意的人通过攻击中央服务器来对比特币进行无限重复消费。同时,中本聪对比特币的数量也有限制,规定比特币最多为 2 100 万个,以此保证比特币的稀缺性。

尽管关键的技术基础,如非对称加密、点对点技术、工作量证明机制等,并不是中本聪原创的,但拥有各领域知识与极高编程能力的中本聪成功地将这些技术知识加以整合,最终创造出了比特币以及区块链系统。

交易过程中,比特币通常表现为一连串的字符,我们可以称其为数字签名。这串字符是非常重要的,上面不仅有上一次交易所留下的所有信息,还会生成下一个所有者的公钥信息。收款方也就是下一个所有者,他接受之后,会对字符串进行验证,同时向全网公开。这些被全网知道和认可的交易信息将被确认之后形成相应的区块。收款方可以通过自己独有的私钥对比特币款项接受。图1-1 即为典型的比特币交易示意图。

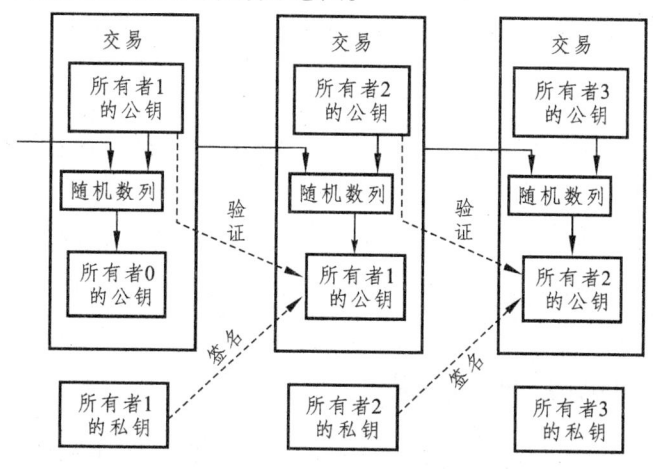

图1-1 比特币的交易示意图

（三）区块链与比特币的区别

比特币和区块链的区别是很大的。但是，我们通常都将区块链和比特币混淆在一起，区块链技术是比特币数据结构和交易信息传输的基础性的技术。比特币是数字支付系统，区块链是支撑比特币系统的基础性技术。它们基本上是同时诞生的。2009年1月，中本聪从创世块中成功挖掘出第一批50枚比特币之后，比特币成为真正意义上的奠基于区块链技术上的数字系统应用。

经过比特币多年的实践和应用，区块链自身技术的成熟度和安全性有了很大的进步，区块链的应用也有了更加广阔的发展和应用空间。从狭义的角度来看，区块链是一种依照时间顺序将各种数据区块链接起来形成的链式数据结构，同时以密码学的方法保护数据块不可伪造和篡改。从广义的角度来讲，区块链是一种利用链式数据结构来验证和存储数据的数字技术，可以通过分布式节点共识算法来生成和更新数据，也可以利用密码学的方式保证数据访问和传输的绝对安全，也要利用自动化脚本代码组成的智能合约来编程和进行数据操作。它的计算范式和基础架构是全新的。

区块链与比特币的对比见表1-1。

表1-1　比特币与区块链的对比

项目	比特币	区块链
本质区别	一个基于密码学的数字货币	一种分布式价值传递架构
算法	工作量证明（PoW）	多种算法，如PoS、DPoS、PBFT等
交易速度	最大7笔/s	不同算法速度不同
链接形式	公有链	公有链、私有链、联盟链
局限性	不符合金融监管要求	技术、协议与法律均处于论证阶段

三、区块链的技术演进

迄今为止，区块链技术大致经历了3个发展阶段：技术起源、区块链1.0和区块链2.0。三个阶段的典型技术代表如图1-2所示。

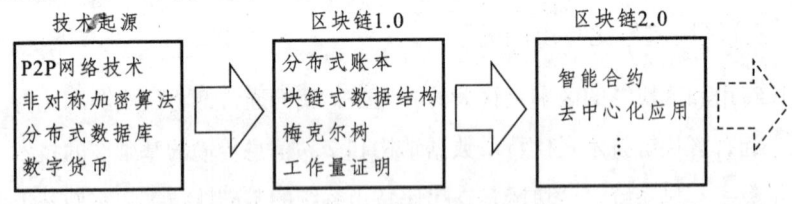

图1-2　区块链发展示意图

（一）技术起源阶段

1. P2P网络技术

P2P网络技术也称为点对点技术和互联网技术，是一种区块链系统连接各种对等节点的组网技术，是一种与中心化网络连接相对应的交互性的去中心化的网络连接。在P2P网络之中，各个节点的计算机地位是同等的，节点之间通过特定协议进行资源和信息的交互沟通，这样就与中心化的网络服务器全网服务模式形成鲜明对比。比特币出现以前，P2P网络技术主要用来文件的共享和下载，也可以用于网络视频的播放。目前看来，P2P网络技术是区块链架构的核心技术之一。

2. 非对称加密算法

非对称加密算法是一种基于密钥的信息加密和解密技术。一般由两个密钥组成，即公开密钥(Public Key，简称公钥)和私有密钥(Private Key，简称私钥)。公钥和私钥是成对出现的，若是运用一个公钥对数据进行加密，那就必须运用另一个对应的私钥才能解密。因为加密和解密是在使用完全不同的密钥，故而加密算法称为非对称加密算法。公钥可以公开发布，发送方可以用来加密所要发送的信息，私钥用于接收方解密接收到的加密信息。现在一般常用的非对称加密算法主要有RSA、ECC等。非对称加密算法的加密和解密过程如图1-3所示。区块链运用非对称加密的公私钥对建构节点进行通信保密，从而保证节点的可信性和可验证性。

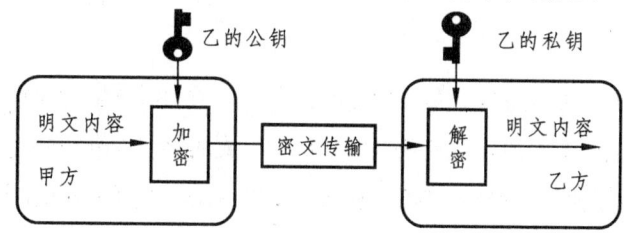

图1-3　非对称加密算法加密、解密过程

3. 分布式数据库

分布式数据库是一个数据性的集合。这些数据在逻辑上属于同一系统，物理上却分散在不同的计算机网络节点之上。这些网络节点必须具有独立的自治和处理能力，可以全面调动和执行本地的应用。同时，每个节点上的计算机还应该至少参与到一个涉及全局的应用执行上，也就是要求运用通信子系统在几个不同节点上存取数据。这一定义旨在强调分布式数据库的两个特点，即逻辑相关性和分布性。区块链遵循分布式数据库的技术原则，将数据分散到了网络之中的不同节点上，以确保区块链的数据不能被轻易修改，从而保证数据的安全稳定。

4. 数字货币

数字货币的思路和发展在前文已经进行过描述，一些先驱数字货币的思想与技术不断传承与发展，成为比特币的重要思想之一。例如，Ecash采用盲签名技术使数字货币不可追踪的思想，B-money 的匿名式、分布式电子加密货币系统的分布式思想，Bitgold 提出用户通过竞争解决数学难题来进行产权认证的思想，等等。这些研究成果对于比特币的最终成形均起到了很大的影响。

(二) 区块链 1.0 阶段

区块链是与比特币同时诞生的，因此，可以说区块链最开始的设计就是为比特币服务的，其巧妙的分布式账本及点对点价值传输技术支撑着比特币网络成功运行了多年。区块链 1.0 时期的主要特征是针对比特币应用而设计，主要包括以下几点。

1. 分布式账本

分布式账本可以看成分布式数据库技术在电子货币领域的应用，是一个可以在多个节点、不同地理位置或者多个机构组成的网络中分享的资产数据库。同一个网络里的所有参与者都可以获得一个唯一的、真实账本的副本。账本里的任何改动会在所有的副本中被反映出来，反应时间为几分钟甚至是几秒。在这个账本里存储的资产具有安全性和准确性，可以通过公、私钥来定义账本的使用权，从而实现基于密码学对账本的维护。根据网络之中事先达成共识的规则，账本记录可以被一个或者多个参与者来进行同时更新。每一节点都可以获得一部账本，该账本记录着全网发生交易的历史信息。这样一来，即使个别账本和节点被攻击和篡改，也不会影响到全部网络的安全运行。这些账本的一致性也解决了双重支付问题。

2. 块链式数据结构

从另一个角度来说，块链式数据结构可以保证交易数据不被篡改。如果每个节点都有一批经过全网广播已经发生的交易待打包区块，节点就可以通过竞争计算随机数来争取记账权，这也就是所谓的挖矿过程。如果节点得到记账权，该节点就需要将新区块的前一个区块的哈希值、当前的时间戳、一段时间有效交易和默克尔树根值等多种内容打包成一个新区块，向全网发布广播。每个区块都是和前面一个区块有着密切联系。区块达到一定长度之后，要想修改历史区块中的交易内容就必须将该区块中的交易记录和哈希值进行重构。这样一来就非常困难，也一定程度上保证了数据的真实性和不被篡改。图 1-4 所示的区块链就是区块链数据链式的存储模式。

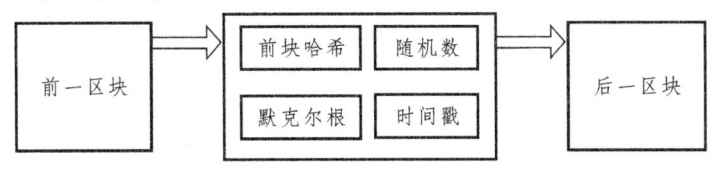

图 1-4 区块链数据链式存储

3. 默克尔树

默克尔树(Merkle Tree)是区块链的重要组成部分，由于其发明者是默克尔，为纪念发明者故而称其为默克尔树。它是哈希大量聚集数据块的一种方式。例如，我们有很多包含具体数据的块区，这些块区可以组成完整的树木的叶子。从图 1-5 可以明白，这些数据块可以分为两组，每组数据块对应两个哈希指针的数据结构，同时每个指针又对应一个数据块。这些指针就构成了默克尔树的下一层。这两块分组可以轮流分为两组，为每一组建立一个包含哈希指针块的数据结构，直至最后建立单一的哈希指针，也就是根哈希。在这样的机制之下，我们可以从根哈希指针回溯到任意数据块，从而保证数据不被篡改。如果攻击者篡改了树底部的一些数据块，就会不可避免出现哈希指针不匹配的情况，从而使原来的篡改行为很快被检测到。

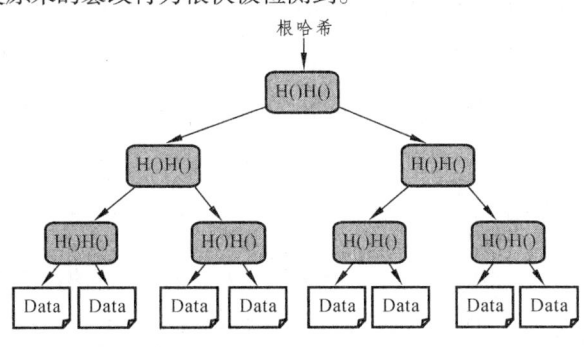

图 1-5 默克尔树

4. 工作量证明

工作量证明（Proof of Work，PoW）是比特币的奖励机制。比特币有两种不同的奖励机制用来鼓励节点进行记账工作：一种是区块奖励，创建区块的节点都可以在这个区块里加入一笔特别的交易，这笔交易就是一个造币的交易，节点可以获得这笔收益，这就是通常所说的挖矿过程；另一种是交易费，即收取交易的一部分比特币支付给记账节点。

由于奖励机制的存在，所有的节点都想取得这笔交易的记账权来获得奖励，比特币的解决办法就是工作量证明。工作量证明的核心思路是：通过节点所占有的某种资源的比例来分配记账权，而且希望这种资源是不可以垄断的，如果这个资源是计算能力则称之为工作量证明系统。同样地，如果这个资源可以是某种币的拥有量，就称之为权益证明（Proof of Stake）系统。比特币是工作量证明系统，是通过哈希函数解密的方式来证明工作量的。以上技术组合构成了区块链 1.0 的实现，区块链 1.0 也被称为比特币区块链。

（三）区块链 2.0 阶段

随着比特币区块链平稳地运行了数年，其市场价值越来越大，业界开始意识到支撑比特币系统运行的区块链技术的重要价值，开始探究区块链技术在数字货币之外的其他应用，这些应用被统称为分布式应用（DAPP），如分布式身份证明、分布式自治组织等，以及一些其他的人类生活中各类分布式协作场景。这意味着进入区块链 2.0 时代，区块链的应用开始走出数字货币，出现更多样化的应用。区块链技术架构也进一步进行调整与改进，如提出更多的共识算法，包括 PoW、PoS、DPoS、PBFT 等。区块链 2.0 时代的区块链主要有以下几个典型特征。

1. 智能合约

智能合约是一整套以数字形式定义并出现的承诺。这些承诺控制着所有的数字资产并对参与者的权利和义务进行了严格规定，且可以由计算机自动执行。智能合约程序不仅是能够自动执行的计算机程序,还是一个系统的参与者,能够对所有收到的信息作出回应,既能够接收、储存信息,也能够向外发送信息,体现出一种特定应用的业务性逻辑,例如比特币系统中的记账和转账功能就是典型的智能合约。

2. 去中心化应用

去中心化的应用是通过引入智能合约,使用者类似发起一笔转账交易,要求执行合约的相关规则,从而使区块链演变成一个去中心化的平台。不同的区块链,智能合约对业务规则的表达能力受到虚拟机支持能力的限制。因此,区块链的设计开发人员不仅要掌握区块链技术的特性,还要充分了解智能合约虚拟机的功能,例如,以太坊区块链上就需要掌握 Solidity 或者一种类似 Python 的编程语言 Serpent,以此来定义一个智能合约。

随着区块链理论和技术的不断深入研究,基于区块链的应用也在不断突破。以智能合约、分布式应用为代表的第二代区块链技术很有可能在未来广泛而深刻地改变人类的生产和生活方式。

第二节　区块链的内涵特征

一、区块链的定义

区块链作为一种技术最早应用于比特币项目之中。它作为比特币背后的起着支撑作用的分布式记账平台,在无集中式管理情况之下,比特币稳定运行了 8 年时间,对于海量的交易记录进行了长久的支持,从来也没有出现什么漏洞。这离不开区块链结构的巧妙设计。当前,区块链技术飞速发展,一系列的标准和规定正在逐步走向完善。从狭义的角度看,区块链是一种依照时间顺序将数据块连接组合的方式。这种链式数据结构本质上是分布式账本,并且以密码学的方式来保证其数据的不可伪造和不可篡改。从广义的角度来看,区块链技术是利用块链式数据结构来验证和存储数据，利用分布式节点共识算法来生成和更新数据，同时利用密码学的方法来保证数据传输的安全，以及利用自动化脚本代码组成的智能合约来编程和操作数据的一种全新分布式架构计算方式。不同组织或机构给出的区块链定义如下：

(1)某百科给出的定义为：区块链是一个分布式的账本，区块链网络系统无中心地维护着一条不停增长的有序的数据区块，每一个数据区块内都有一个时间戳和一个指针，指向上一个区块，一旦数据上链之后便不能更改。该定义中，将区块链类比为一种分布式数据库技术，通过维护数据块的链式结构，可以维持持续增长的、不可篡改的数据记录。

(2)中国区块链技术与产业发展论坛对区块链的定义是：区块链是分布式数据存储、点对点传输、共识机制、加密算法等计算机技术的新型应用模式。

(3)数据中心联盟对区块链的定义是：区块链是一种多方维护，使用密码学保证传输和访问安全，能够实现数据一致性存储，无法篡改，无法抵赖的技术体系。典型的区块链是以块链式结构实现数据存储的。

总而言之，我们可以将区块链理解如下：区块链是由多方共同参与维护的一个持续增长的分布式数据库，是一种分布式共享账本。通过智能合约，区块链始终维护着一条不停增长的有秩序的数据链条。参与其中的多个节点，可以通过密码学算法将一段时间系统内的所有信息交流数据运用同一个数据库来记录，并且能够生成相应数据库的指纹，以用于下面的数据块校验，系统中所有参与节点共同认定才能确定该数据块的记录是否为真，从而保证区块内的信息不能被更改和伪造。它的核心机制就是通过分布式网络和不可篡改的密码学账本以及分布共识机制建立交易双方的信任关系，进而利用自动化脚本集合而成的智能合约来操作数据，最终实现信息互联向价值互联转化。

二、区块链的特点

区块链是一个信用机器，能够实时建立一种信任体系。区块链可以运用哈希算法、数字签名、时间戳、分布式共识和经济激励手段，在节点无须相互信任的分布系统之中建立信用，从而实现点对点的交易协作，解决了中心化机构普遍存在的高成本、低效率和数据不安全的问题。最近几年，随着国内外机构对区块链的研究，区块链应用前景得到不同行业的重视，被认为是人类社会技术的第五次颠覆式创新，当然这种创新是建立在个人计算机、互联网、移动社交网络之上的。如果从人类信用发展史来看，区块链还可以称为继血亲信用、贵金属信用、央行纸币信用之后的重要的信用模式里程碑。人们也将区块链视为下一代云计算的雏形，视其为重塑人类社会形态，实现信息互联网向价值互联网转变的契机。

区块链技术的特点是多种多样的，如分布式、可靠数据库、去中心化、开源可编程、集体维护、安全可信等。从宏观角度，可以将区块链技术拆解为以下几个方面来理解：第一，区块链就是一个分布式链接账本，每个账本就是一个区块；第二，该账本是基于分布式共识算法来决定记账者；第三，账本内的交易活动通过密码学签名和哈希算法来保证不可篡改；第四，账本依照产生时间的顺序相互链接，上一个账本的哈希值包含在当前账本之中，这些账本之间的链接能够保证账本信息不被篡改；第五，所有的交易都可以在做账本之中进行追溯。

(一)分布式(去中心化)结构

区块链数据的存储、传输和验证过程与传统集中记账的方式不同，是基于分布式网络的系统结构。整体的网络并不直接依赖于中心化的硬件管理机构。区块链的账本也不是存储于某一个数据库中心，故而不用第三方权威机构来负责记录和管理，而是全部分散在网络结构的不同节点之上，每一节点都储存有账本的副本，全网的节点根据账本变化同步更新。作为区块链的部署模式，参与公有链的每个节点在权利与义务上都是均等性的，系统中的所有数据块主要由具备维护功能的节点来共同维护，这就致使一种结果出现，即任何一个单独的节点停止工作，都不会影响全体系统的运行。

（二）集体维护

区块链数据块与一般的数据库不同，主要是采取分布式存储方式进行数据存储，每一节点都拥有全体数据库的完整拷贝，任何单独节点的损坏都不会对整体系统产生影响，数据库主要由具备记账功能的节点承担维护工作。一旦信息经过验证并添加至区块链之中，就会永久地存储起来，除非能够同时控制其中 51%的节点，否则只对单个节点数据进行修改对整体数据库是没有影响的。正是由于这种集体维护的特征，使得系统节点越多，数据库安全性就越高。

（三）时序不可篡改

区块链主要采用携带有时间戳的链式区块结构来存储数据，这样一来就为数据添加了一种时间维度，具有极其强大的可验证性和可追溯性。另外，密码学的算法和共识机制能够保证区块链的不可篡改，从而大大增强了区块链的数据可靠性和稳定性。时间戳决定着、标示着区块链中数据的时序状态，确保数据库不可更改。

（四）开源可编程

区块链系统通常都是开放的。尤其是代码高度透明的公共链数据和程序，一般对所有人都是公开的，任何人都能够通过接口来查询其中的所有数据。同时，区块链平台也为用户自由创建高级智能合约、数字货币和去中心化的相关应用提供了相对灵活的脚本代码系统。例如，以太坊平台为区块链的数据更新提供了完备的脚本语言，可以为用户构建起定义十分精确的智能合约。

（五）安全可信

区块链技术主要采用非对称性的密码学原理对每一步交易进行签名，以确保交易不能被伪造。同时，利用哈希算法可以保证交易数据不能被篡改，能够借助分布式系统节点的众多的工作量证明所形成的强大的算力来抵御破坏者的进攻，从而保证区块链中的区块以及区块中的交易数据不可伪造，故而具有非常高的安全性。安全性是区块链通信非常重要的方面,数学原理和程序算法能够确保系统运作的透明性和公开性。双方交易要在不需要借助第三方权威机构的信用背书之下达成共识,才能够在信用性强的环境下进行数据的自由交换,从而确保人们对机器的信任,使得任何人为的干预都变得无济于事。

(六)开放性

开放性是区块链非常重要的一个方面。区块链的信任感主要建立在系统的开放性之上。区块链是一个开放性的透明系统,任何人加入区块链之中,除去交易双方的私有信息被加密之外,其他数据对于每个节点都是公开透明的,也就是从每个节点进入都可以看到完整的账本信息,也可以追溯账本上的每一次交易。

(七)准匿名性

区块链节点之间一般都要遵循多种固定的算法,使得其各项数据交互就成为可信任的。区块链程序会自动判断数据的修改活动是否有效,故而交易双方没有必要通过公开身份来建立彼此之间的信任。这其实有助于信用的积累。区块链系统一般采用与用户公钥相联系的地址来作为用户的标识,却不需要经过传统的基于PKI(Publie Key Infrastructure)的第三方认证中心所下发的数字证书来确认身份。可以通过建立全网的节点对共识算法进行实行,建立网络之中诚实节点对全网状态的基本共识,从而将节点之间的信任连接建立起来。这样一来,用户只要公开相应的地址,不用将自己的真实身份公开出来,同时一个用户可以变换多个地址。所以,区块链之上的交易不会与生活中的真实身份挂钩,只是与用户地址相联系,从而实现了交易的准匿名性。

正是因为有以上特点,区块链才不同于传统集中记账方式,并将得到金融领域更大的关注,甚至引起了各个领域的相关机构和行业的浓厚兴趣。

三、区块链的基本类型

为满足和适应各种不同类型的需求和场景。区块链根据准入机制可以分为三种类型，即公有链、联盟链、私有链。在实际的运用实践之中，通常不是单一的类型来发挥作用，而是各种类型交互使用，多种类型相互结合，一般组合形式有私有链和联盟链、联盟链和公有链等。如果从链条与链条之间的关系来看，区块链又可以分为两种形式，即主链和侧链。另外，不同的区块链之间还可以形成网络结构，网络之间的链条也可以相互沟通，从而产生互联链。

（一）公有链

公有链是完全的去中心化的分布式的不会受到任何机构所控制的区块链，最典型的例子是比特币系统。在公有链上，任何人都能够在任何时候加入并读取数据，并且发送交易获得确认，任何人都可以参与到区块链共识过程的确定中来。我们可以将公有链理解为最早的区块链，也是世界上应用最广泛的区块链，目前世界上流行的各大虚拟数字货币都是奠基于公有链之上的，并且世界上每一种电子货币都仅有一种相对应的区块链。公有链的安全性是通过共识机制进行维护的，以此作为中心化信任的替代物。共识机制一般采用两种方式，即 PoW 或 PoS 方式，从而将经济奖励和加密算法通过一定原则结合起来。这一原则就是：每个人从其中获得的经济奖励和对该区块链的共识过程所做的贡献是成正比的。同时，这些区块链被认为是完全去中心化的。

公有链还有一个名字，即非许可链。我们一般说的比特币和以太坊都是指公有链。公有链主要应用于大宗电子商务、互联网金融、虚拟货币等领域。在真正的公有链中，程序开发人员不能对用户进行干涉，故而区块链能够完全保护用户。从传统的经济学角度，确实很难理解程序开发者会放弃自己对软件的操作权限。但是，互联网时代的到来，协作经济模式逐渐崛起，改变了传统经济学的认知模式，正如托马斯·谢林(Thomas Schelling)所说"妥协是一种力量"。原因在于，如果你明确选择了做一些很难甚至不可能的事情，别人会更容易，也更喜欢和你进行互动，他们看到困难的事情发生在别人身上，就不大可能发生在自己身上。有人承担了责任，责任就不会落在自己身上，至少会减少自己身上的责任。若是你受到其他因素强迫，从而无法做自己想要做的事情，也可以说"即使我想，也没权力去做"，从而作为谈判的筹码，这样就可以防止对方强迫你做不情愿的事情。程序开发者面临的风险是多方面的，但主要来自政府，因此可以说公有链最大的优势便是审查阻力。

总而言之，公有链的特点就是完全公开，每个参与者都有权利去访问链条上分布式账本的每条记录，从而不受到任何其他权力组织机构的监管；程序开发人员和用户之间是相互隔绝的，无权干涉用户的使用行为，从而能够很好地保护用户；公有链主要通过数字加密技术来保证安全。

（二）私有链

如果说公有链是去中心化的，那么私有链就正好相反，是中心化控制的。私有链的写入权限主要由某个组织和机构控制。读取权限一般是对外开放的，或者仅仅有一定程度的限制。相关应用主要包括数据库管理、审计，甚至是整体公司。在某些情况之下，私有链是具有公共的可审计性的，但是在其他很多情况下，公共的可读性似乎并非是必须的。那些传统金融的保守主义巨头，都比较想要尝试私有链，公有链已经完全商业化，但是私有链应用还在探索之中。

最开始人们很难理解私有链的必要性，将其和中心化的数据库简单等同起来，甚至在效率上还没有一般的中心化的数据库高。从实际情况来看，中心化和去中心化之间永远是相对的，我们可以将私有链看成是一个具有边界的小范围的公有链。但从系统的外部来看，可以发掘该系统仍然是中心化的，从系统中每个节点来看，每个节点又是去中心化的。但是，对于公有链来说，某种程度上，我们可以将其看成是地球范围内的私有链，地球就是该公有链的边界，地球人能够通过计算机接入。从这一角度来看，私有链存在是有价值的，其中一个优势就是对于 P2P 的网络系统，系统内部处理速度是相对较弱的节点，私有链的节点和网络环境都是可以控制的。所以，私有链的处理速度是有绝对优势的，远远高于公有链。

私有链和公有链的主要区别就是，一般来说，公有链在内部会有某种代币，私有链却可以选择没有代币的方案。对于公有链来说，每个节点不可能自由参与到记账竞争中来，必须设计一种奖励制度才能完成。奖励可以鼓励那些遵守规则的节点，促使记账更为准确。而奖励就是依靠代币系统来实现。然而，对于私有链而言，每个节点都是机构内部的节点，记账本身并不是一种自愿的行为，而是一种按照上级机构和组织要求而进行的工作，既然是本职工作，也就不会通过代币制度来进行奖励。因此，我们发现代币系统并不是每个区块链的必备，而是根据情况而设置的。鉴于处理速度和账本访问的私密性与安全性，私有链更加适合商业活动，这也导致目前越来越多的企业选择私有链技术，而不是公有链技术来建构自己的区块链。

(三) 联盟（行业）链

联盟链是指共识过程由预选节点来控制的区块链，群体内部可以指定多个预选节点为记账人，每一区块的产生由所有预选节点共同决定，其他的接入点能够参与到交易中来，但没有权力过问记账的过程。从本质上来看，这是托管记账，只是变成分布式记账之后，预选节点的数量，如何决定区块的记账者成为区块链的主要风险点。其他人都可以通过这一区块链的开放性 API 进行限定查询。这样一来，区块链就成为部分去中心化的，如 R3CEV 就是典型的联盟链系统。

联盟链的参与成员仅限于联盟内部的成员，区块链的读写权限和记账权限要根据联盟组织本身的规则进行制定。40 多家银行参与的区块链联盟 R3 以及 Linux 基金会所支持的超级账本项目都属于联盟链的架构类型。可以说，联盟链是一种需要注册被许可才能进入的区块链，共识过程主要由预先选好的节点来控制。一般来说，它更加适合于不同机构之间的交易和结算。正如，不同银行之间进行支付、结算和清算的系统就基本是采用联盟链来完成，具体过程是将不同银行的网关节点作为记账节点，若网络上超过三分之二的节点确定之后，该区块的交易记录将会在全网范围内得到确认。针对不同的应用场景，联盟链可以决定其对公众的开放程度。鉴于参与共识的节点较少，联盟链不会采用具有工作量证明的挖矿机制，而是采用权益证明、PBFT（Practical Byzantine Fault Tolerant）、RAFT 等共识算法。联盟链的交易速度和交易时间，与公有链具有较大的区别，在安全性和运行性能上也较高。

联盟链网络是由联盟中的成员进行公共维护，网络接入的方式是机构成员的网关节点。联盟链的平台主要提供成员管理、认证、授权和审计等诸多的区块链安全管理方面的功能。正如成立于 2015 年的 R3 联盟，目的是建立银行行业内的联盟链，当前已经有 40 多个成员加入，包括很多世界级的著名银行，如瑞信、汇丰、高盛、摩根大通等，以及微软、IBM 等互联网巨头。联盟链的特点是明显的，就是能够做到节点之间的迅速有效连接，只要极小的成本就可以将其维持下去，也能够提供快速的交易处理方式和廉价的交易费用，扩展性很好，会随着节点增加而降低，从而保证数据的隐私性。同时，联盟链的缺点也很明显，从构成上就决定其应用场景的局限性，没有比特币那样广泛的传播效应，从而容易导致权力的集中。节点较少且需要预选节点进行记账，都导致信任问题无法完全解决，运用不当就会造成权力过度集中，引发安全隐患。

由于联盟链和私有链的节点都是需要许可才能接入，所以它们也被称为许可链。

（四）混合链和复杂链

区块链技术正变得日益复杂，故而不仅存在原始的公有链和私有链架构，而是将它们的界限模糊化。区块链系统之中，并不是所有节点都具备一样的权限，而是具备各不相同的分工。一部分节点能够查看和下载所有区块链数据，一些节点则可能只可以查看部分数据，另一些节点则主要负责记账功能。当然，随着区块链系统的逐渐复杂，不同角色和权限等级变化更多。在授权股份证明书的共识机制中，我们已经能够察觉并看到这种区块链的发展趋势。并不是所有的节点都参与到记账之中，而是获得投票数量最多的委托人才会负责记账。故而，委托人就是明确的角色划分。这就是在私有链和公有链之上诞生的混合链和复杂链。若是将区块链技术应用于人民币,可能会选择混合链的技术。

(五)侧链

侧链协议在本质上是一种跨区块链的解决方法。通过这种方法,数字资产可以在区块链之间进行大规模的即时性转移,可以从第一个区块链转到第二个区块链,也可以反过来。这样一来,第一个区块链即转出链就被称为主区块链,第二个等其他转入链就被称为侧链(见图1-6)。最初,主链通常指的是比特币区块链,而现在主链可以是任何区块链。侧链协议被设想为一种允许数字资产在主链与侧链之间进行转移的方式,这种技术为开发区块链技术的新型应用和实验打开了一扇大门。严格来说侧链不是区块链的一种类型,它只是在现实应用中,开发者对区块链的一种延伸(扩展),而特别取了个绰号。

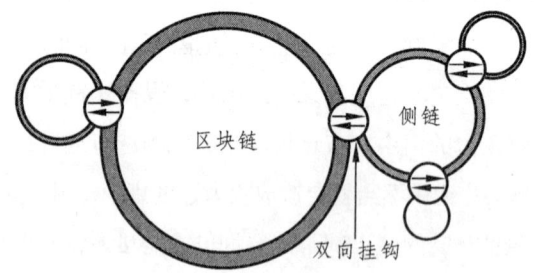

图1-6 主、侧链示意图

比特币是目前应用最为广泛、最为大家认知的公有链。市场上流通的公有虚拟货币系统基本上都是在比特币系统的基础上扩展和修正而来。由于比特币的设计规则是不同的,从而导致其具有不少的局限性,固定性强,从而难以做出很大的修改和扩展。正如,每个区块成型需要 10 min,且受到 1 MB 容量的限制,从而导致每秒只能确认 7 笔交易。这种交易的速度在大多数场景上是无法满足业务需求的。为提升效率,通过扩展比特币原有系统,形成侧链是最佳办法。这类以比特币平台为基础,使用新的规则、发布新的虚拟货币,能和比特币区块链进行交互,并能与比特币挂钩的区块链就是侧链。简单来说,就是在某个主链外面，开发一个私有的小链，这个私链与主链之间有交互。主链和私链之间可以做币的转换。侧链目前主要适用于代币发行。比如，闪电网络把很多交易放在侧链，只有在做清算时才用上主链，这样一来可以极大地提升交易速率，又不会增加主链的存储负担。

（六）互联链

互联链是各种不同的区块链之间的互联互通所形成的一个更大的生态区块链，作为一个全新的概念，目前还没有被普遍接受，因此相关的架构设计和标准化工作也没有开始。不同领域的应用会形成很多垂直性的区块链，这些区块链基本都有相互连通的要求，从而导致它们根据某种协议相互连接起来，就像互联网一样，形成互联链，从而将区块链的全球网络建构起来。正如，现在很多区块链都是垂直型的，相互之间不会沟通。仅就支付来说，都在同一家银行、国家或支付网络，支付还会相对容易，要是用户在不同国家的支付网络之间进行支付，就难以实现了。比如，从支付宝余额转钱到微信钱包余额里，虽然两者可以通过银行连接，但是这些连接都需要人工干预，交易的确认缓慢。就像互联网的出现是为了解决不同计算机之间信息联通一样，互联链的出现就是提供实现不同区块链互联互通的统一架构和标准协议。

可以预见，随着区块链技术的充分发展和在各领域的广泛应用，未来将会形成一个巨大的互联链。例如电商平台公有链+物流公有链+物流联盟链+银行联盟链，它们之间的相互协作、通信、共识，就是一个典型的互联链。

第三节 区块链的运行结构

一、区块链技术平台

从全球范围来看，区块链的技术平台很多，代表性的主要有比特币

(Bitcoin)、以太坊(Ethereum)、瑞波(Ripple)和 Linux 基金会的开源项目超级账本(Hyperledger Fabric)。另外，还有国外的一些区块链技术，如比特股(Bitshare)、恒星(Stellar)、R3 Corda 等，以及布比等国内公司独立研发的区块链平台。

（一）比特币

比特币是全球范围内最早使用、技术水平最成熟的区块链技术。其特点是完全的去中心化、分布节点最多、公平性强大。比特币最主要的特点是创造出一个不用传统固定的信用中心的数字货币系统。只要通过数字签名，从一方到另一方的支付活动就能够完成，中间是不需要经过任何其他金融机构来做信任保证的。为了避免出现网络支付过程中容易出现的双重支付现象，它又发明了工作量证明，通过点对点网络形式来记录双方交易过程中出现的各种信息，这一网络可以通过随机选择为交易增加相应的时间戳。基于随机散列的工作量证明(Proof of Work, PoW)机制，能够形成不可更改的交易记录。只需要诚实节点可以控制多数计算机的 CPU，就可以让攻击者无法将交易记录修改。关键在于，这些节点之间的具体工作是相互独立的，不会出现一般意义上的合作和协同。

所有节点都不用明确公开自己的身份，可以随时离开所在的网络，如果想要重新加入网络中，也较为容易。节点能够根据自身算力来投票，以表达它们对区块的确认程度，表达确认的方式是不断延长有效区块链，并拒绝在无效区块之后延长区块。因此可以说，比特币包含着点对点数字货币所需要的全部规则与措施。对于比特币的去中心化公共区块链系统来说，相互之间没有信任的前提之下，需要完成点对点交易的共识机制。比特币所发行的共识机制主要基于工作量证明的算法，它的使用过程主要是基于点对点支付以及全局性记账过程，这种货币的有效性是奠基于可追溯的验证算法之上的。挖矿就是指将系统之中没有记录的交易进行打包放到区块里，根据系统提供的计算挖矿难度的随机数不断遍历，达到条件之后就会获得记录的权利。之后，节点将该区块的记录向全网发布，网络上的其他节点验证该区块的满足条件之后，同时让区块记录交易符合规定,从而将这一区块记录的信息更新到节点的区块链上,以形成账本共识。

比特币区块链推出的时间比较早,不够强大,比如不支持智能合约,现在当人们提到"区块链"时,往往已经与比特币网络没有直接联系了,除非特别指出是承载比特币交易系统的比特币区块链,但比特币仍是区块链最早也是截至目前数字货币方面最大并且在全球各地经常提及的应用。在比特币源代码基础上,照搬或进行较小改动之后,还出现了一些区块链技术体系,其中包括一些山寨币,例如彩色币(染色币)等,还有一些以比特币为基础的比特币侧链等。

（二）以太坊

以太坊是一个当前较为流行的数字代币平台,通过图灵完备的脚本语言(Ethereum Virtual Machine Code,EVM 语言)来建立应用,同时采取多种编程语言来实现协议,一般意义上的编程并不需要直接运用 EVM 语言,而是通过类似 C 语言、Python、Lisp 等高级语言,之后利用编译器最终转换为 EVM 语言。采用 Go 语言编写的客户端是作为默认客户端来使用的,即以以太坊网络交互法为基础,并且支持其他多种语言客户端。

以太坊最核心的目标是智能型合约,因此以太坊也被看成是以太坊系统之中的自动代理人。它拥有自己独特的以太币地址,用户向合约地址发送一笔交易之后,就被激活,之后根据交易之中的信息,合约可以运行自身代码,最后生成结果。该结果也可能是从合约地址发送出来的另外一笔交易。必须指出的是,以太坊之中的交易并不是只会发送以太币,还可以将大量其他的额外信息嵌入其中,一同传送。如果交易是发送给合约的,这些信息就非常重要,原因在于合约能够根据这些信息完善自身的业务逻辑。智能合约的引入对于区块链2.0 的发展具有很大的推动作用。以太坊是早期以智能合约推动的典型的区块链平台,曾经被广大区块链社区视为最佳选择。智能合约加上友好界面以及其他支持,能够让用户在合约的基准之上自由创建各种形式的 App(应用程序),这样就将区块链开发人员的技术门槛极大地降低了。

以太坊集合了大量比特币用户十分熟悉的技术，并在此基础上对其进行创新和修正。比特币区块链是纯粹的交易列表，并将其中的每个账户当成基础性单元。以太坊的区块链则重点跟踪每个账户状态，导致所有以太坊区块链的状态转换都是账户价值和信息的转移。一般来说，以太坊账户可以分为两种类型：一是外部账户，通过私人密码来控制；二是合约账户，通过合约密码的编程来控制，并且只能通过外部账户激活使用。对于多数用户来说，二者的区别也是明显的，外部账户作为第一种类型，是人类通过用户来掌握的，因为他们可以运用私钥的方式来控制外部账户。合约账户则是内部编码掌管的，若是被人类用户控制，也是因为该程序创建时就已经设置特定的外部账户控制地址，从而被掌握私钥的账户持有者所掌控。

以太坊迭代周期比较快，使得依赖于以太坊特别是以太坊公网的商业应用比较容易受到攻击。The DAO(The Distributed Autonomous Organization，去中心化自治组织)是区块链业界最大的众筹项目，它在短时间内就募集了价值1.3亿美元的数字货币。2016年6月17日，由于其编写的智能合约存在重大缺陷，运行在以太坊公有链上的 The DAO 智能合约遭遇攻击，导致300多万以太币资产被分离出 The DAO 资产池。在黑客风波结束及所有的以太币被解锁，返还所有以太币后关闭了 The DAO，所有筹集的资金退还给众筹人，The DAO 也就此解散。从万众瞩目的众筹开始，到受到攻击资金泄露，最后解散退回以太币，整个事件发生在短短3个月的时间里，如同流星一样划过，留下众多的思考和启示。

(三)瑞波

瑞波是源码开放的点对点支付网络，能够轻松、廉价、安全地进行跨国界转账。转账的对象也是开放的，可以是网络上任何人，不论他在什么地方都可以实现。转账方式也多种多样，如虚拟货币、数字资产、清算货币以及其他有价值的资产。

瑞波的共识机制是 RPCA，通过特殊节点的投票，瑞波可以在很短时间内进行确认和验证。瑞波客户端并不需要额外下载其他的区块链，而是在普通节点上舍弃掉验证过的总的账本链，只保留已经验证过的总账本和历史账本链，所以同步下载的工作量就相对较小。作为世界上首个开放性的支付网络，瑞波在 2015 年的下半年开始公布 InterLedger 协议项目。该项目以全球为视野，旨在创建全球统一的网络金融传输协议，确立全球统一的网络支付标准。瑞波支付网络适用于世界上各种不同的货币，如人民币、美元、日元、欧元或比特币。同时，瑞波在操作时简单快捷，交易费用几乎可以不计，跨行费用和跨国费用是不存在的，故而交易确认往往在几秒钟之内就能完成。此外由于使用的是 P2P 软件，故而没有任何人、任何组织可以凌驾于交易之上来操控，每个用户都可以在瑞波上创建账户。

目前，瑞波币和以太坊之间正在争夺世界第二大加密货币的地位，胜负尚未决出。2017 年早期，瑞波网络已实现在 3.7 s 内能够完成 7 万笔交易。瑞波公司为其瑞波共识账本（RCL）和互联账本协议（ILP）引入了新的功能（托管和支付通道），这提高了瑞波（XRP）的交易吞吐量，这些改进使得瑞波网络的可扩展性达到了 Visa（维萨）的级别，也就是其易吞吐量将可与 Visa 抗衡。

（四）区块链商用平台：超级账本

超级账本（Hyperledger）是 Linux 基金会创建的区块链项目，其发展目标是商用区块链平台技术，致使在超级账本项目创立之初就吸引了大量的行业领头羊，例如运输业、互联网行业、制造业、金融业等。当前来看，超级账本项目全球性的成员超过 100 多个，如 SWIFT、IBM、J.P.Morgan、Intel、荷兰银行等。在区块链技术和智能合约技术的基础上，超级账本旨在建立新型的分布式账本交易平台，从而简化商业流程和法律规程，同时增强商业交往的透明性和信任感。

超级账本旗下的 Hyperledger Fabrilc 子项目是在 IBM 捐献出的 Open Block chain 基础之上搭建而成的，当时 IBM 向 Hyperledger 贡献了 44 000 行开源代码。Hyperledger Fabric 是一个带多种功能模块架构的区块链实施方案，旨在成为由全社会共同维护的超级账本。Hyperledger 从本质上讲是对传统型区块链的创新，是允许创建授权和非授权的区块链。它还通过提供身份识别、隐私安全的模型,让计算周期缩短、规模效应提高,并使其适合各种行业的应用需求。利用超级账本,用户能够轻松搭建企业化的区块链网络。该网络之中,每个成员都可以访问更新和加密过的账本,从而发起交易。

(五)区块链技术平台对比

不同区块链技术平台各具特色,前面提到的共识机制、是否有智能合约功能和适用场景等都是进行比较的主要内容。

1. 智能合约

智能合约是 1995 年密码学家 NickSzabo 首次提出的,英文名字是 Smart Contract,当编好的条件被触发之后,智能合约就会执行相应的合约条款。从本质的角度来看,智能合约的工作原理和计算机程序的 if-then 语句相似。也就是说,智能合约就是以这种方式来与真实世界的资产进行交互。以太坊和超级账本等以智能合约为中心的区块链正受到越来越多的重视。

2. 适用场景

从适用场景来看,主要有三种类型,即公有链、私有链和联盟链。公有链是面向所有人的区块链,任何人都可以参与其中,比特币就是最典型的公有链;联盟链只是针对组织和联盟开放;私有链则是面向个人开放。因此,在非数字性的场景之中引入区块链时,必须将多种因素考虑进去,仔细权衡,才能够选择正确的区块链类型,以更好地完成工作。从短期内来看,金融机构仍然无法完全接纳公有链。不同区块链的共识算法对比见表1-2。

表1-2 共识算法对比

名称	共识算法	适用场景	开发语言	智能合约
比特币	PoW	公有链	C++	否
以太坊	PoW+PoS	公有链/联盟链	Go	是
瑞波	RPCA	公有链/联盟链	C++	否
超级账本	PBFT 为主	联盟链	Go	是

二、区块链基础架构

区块链系统由 6 层构成，自下而上依次为数据层、网络层、共识层、激励层、合约层和应用层。模型示意图如图 1-7 所示。这一模型中，区块链技术最有代表性的创新之处就是分布式节点的共识机制、时间戳的链式区块、奠基于共识机制之上的经济激励、能够进行灵活编程的智能合约。系统构成之中，网络层、共识层和数据层是最基本的，也是区块链应用构建的最重要的元素，没有它们就不能称其为区块链。然而，合约层、激励层和应用层则并不是所有区块链都需要的，很多区块链相反并不需要这些结构，也能够很好地运转。

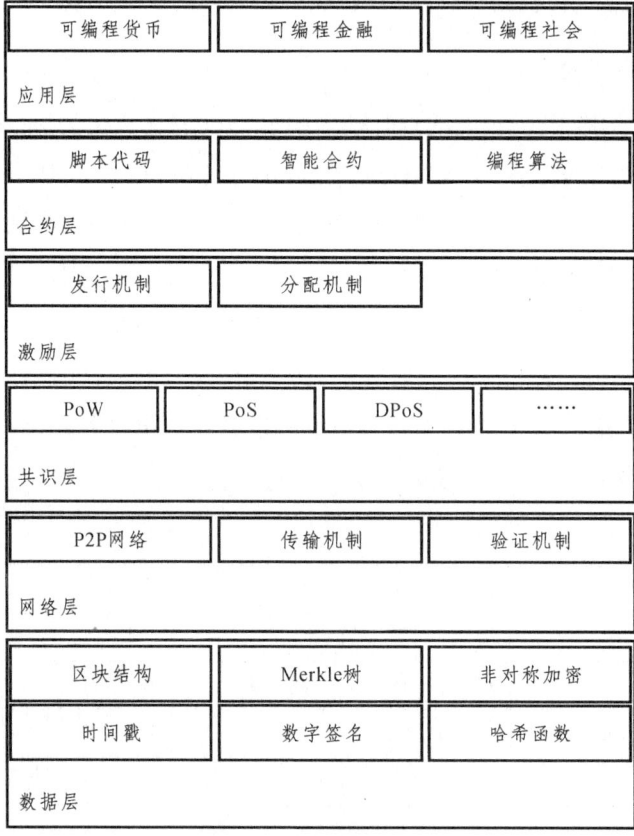

图 1-7　区块链基本架构

(一)数据层

不论何种类型的区块链，数据层都是核心。从本质上来看，区块链都是指一种数据库技术以及分布式账本记录，是广义上的由交易信息区块的前后有序连接起来的一种数据结构。数据层主要将底层数据块的相关数据进行封装，同时也将数据加密和时间戳的相关数据及算法储存起来。数据层是区块链技术最底层的数据结构，多数技术发明以来已经经过数十年的检验，在计算机领域长期运用，被证明具有绝对的安全性。如果数据层技术安全出现漏洞，则会导致全球金融机构出现大的问题。数据层涉及的基本技术主要有以下几种：区块结构、Merkle 树、非对称加密、时间戳、数字签名和哈希函数等。

1. 区块结构

在区块链网络中，所有的数据都以区块的形式被永久记录，而每个区块又以单独的文件保存在各个节点本地磁盘上。区块结构如图 1-8 所示，由区块头和区块体两部分组成。一个区块由三类元数据组成：一类是引用前一区块的哈希值数据，用于与其进行连接；一类包括难度值、时间戳和随机数，与工作量证明算法(挖矿竞争)相关；还有一类是 Merkle 根，区块体中 Merkle 树的根节点。部分数据项列表见表 1-3，包括被称为"魔法数"的常数 0xD9B4BEF9、区块大小、区块头、区块所包含的交易数量及部分或所有的近期新交易等。

表 1-3　区块数据项列表

数据项	描述	长度
Magic no	魔法数，总是 0xD9B4BEF9	4 字节
Blocksize	区块大小(字节)	4 字节
Blockheader	区块头，包含 6 个数据项	80 字节
Transaction counter	交易数量	1~9 字节
Transactions	交易列表(非空)	许多交易

区块头封装了当前版本号、前一区块哈希值、时间戳、随机数、当前区块的目标哈希值、Merkle 树的根值等信息,以比特币为例,区块头是 80 字节,包括 PrevBlock、MerkleRoot、Nonce、TimeStamp、Bits 等字段,见表 1-4 和图 1-8。

表 1-4 区块头结构描述

字段	大小/字节	描述
版本	4	版本号,用于跟踪软件/协议的更新
前一区块哈希值	32	区块链中前一区块的 256 位哈希值
Merkle 根	32	该区块中交易的 Merkle 树根的 256 位哈希值
时间戳	4	该区块产生的近似时间(精确到秒)
目标哈希值	4	挖矿难度
随机数	4	用于实现工作量证明算法(挖矿机制)

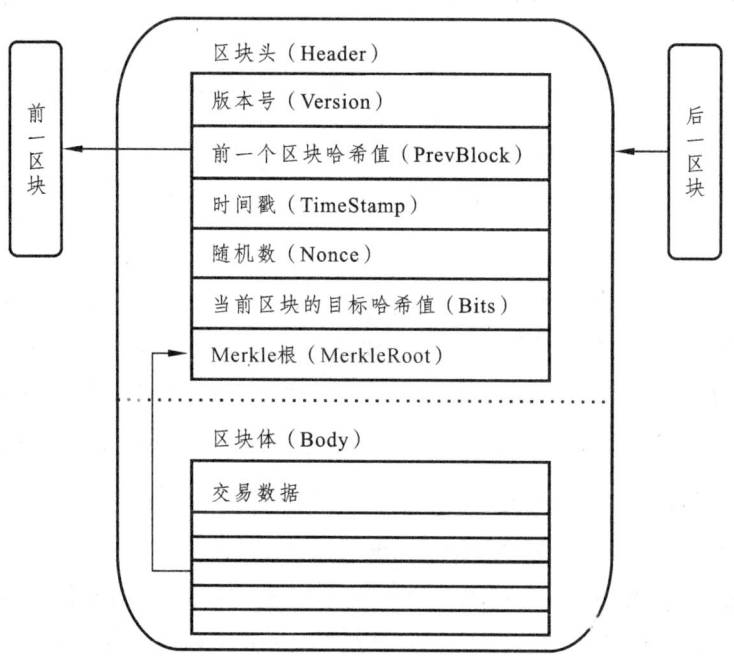

图 1-8 区块结构

区块体包含所有的区块内的交易信息。区块体里的 Merkle 树一般会对每一笔交易进行签名，数字签名旨在确保交易的不可重复性。全部交易将通过 Merkle 树 Hash 过程产生一个唯一的根值，并将其植入区块头。每一区块都有两个对应的值来区别——区块头哈希值和区块高度。也就是说，每个区块都有相应的区块头哈希值，该值是通过 SHA256 算法对区块头的二次哈希计算得到的一个 32 字节的数字指纹。区块头的哈希值可以标识区块链上的唯一区块，并且通过区块头的简单哈希值计算从而得到该区块头的哈希值。一般来说，区块头哈希值都包含在区块整体的数据结构之中，然而区块头的数据和区块体的数据并不会一起进行存储，而是将它们分开来进行存储，这样做主要是为了提升检索效率。除去通过哈希值来对区块进行识别，还可以根据区块的高度对区块进行识别。值得注意的是，区块高度并不是唯一的能够识别区块的标志。因为区块链存在分叉，故而一般在区块链之中会有 2 个或 2 个以上区块的高度相等的情况。

PrevBlock：每一个区块都有一个名字，即区块 ID，区块 ID=SHA256（区块头信息），而 PrevBlock 就是当前区块的上一个区块的 ID，即当前区块的产生是基于上一个区块的 ID 建立的。显然，对于当前区块而言，PrevBlock 是已知的。

MerkleRoot：Merkle 树是一种哈希二叉树，使用它可以快速校验大规模数据的完整性。在比特币网络中，使用 MerkleTree 这种算法和数据结构，将当前区块所有交易记录最终压缩和归纳成一个统一的哈希值，即 Merkle 根值（Merkle Root）。这个计算过程详见 Merkle 树相关内容，显然 Merkle Root 根据已知的交易记录可轻易得到，并且结果明确，区块体中任何一笔交易记录的改变都会使得区块头中的 MerkleRoot 发生翻天覆地的改变。

Difficulty & Bits：难度（Difficulty）是对实现某给定目标难易程度的量化表征，比如说掷骰子，可以规定掷到小于等于数字 6 的难度为 1，显然这几乎是没有任何难度的，100%会掷到一个数字满足这个条件；掷到小于等于 3 的难度就是 4；掷到小于等于 1 的难度则是 6。比特币协议中也有类似的规则，首先定义了一个 64 位的十六进制常数，在当时全网算力的条件下，10 min 左右的哈希运算会找到一个数字小于等于这个整数。作为比特币的缔造者，规定了那个时间点、全网拥有的算力找到那个数字的难度是 1；后续以此为标准，根据变化中的全网算力，动态调整一个与之匹配且成正比的 Difficulty 难度值，以尽可能保证全网 10 min 运算找到符合要求的数字。调整的周期约每两周一次，即每 2 016 个区块被挖出来之后就调整一次 Difficulty 值。

Bits：是与 Difficulty 对应的另外一种数据表现形式，两者本质上具有相同含义。因此，当全网算力已知，Difficulty 和 Bits 即可由之确定。

Nonce：从 0 到 N，一个只使用一次的随机数，用于实现工作量证明算法。

TimeStamp：当前区块产生的近似时间戳，在一个去中心化的区块链世界里，这个时间戳是根据产生该区块节点相关联的其他节点的时间戳求平均后计算得到，不完全等同于国际标准。

2. Merkle 树

Merkle 树是一类基于哈希值的二叉树或多叉树，其叶子节点上的值通常为数据块的哈希值，而非叶子节点上的值，是将该节点的所有子节点的组合结果的哈希值。Merkle 树是区块链的重要数据结构，其作用是快速归纳和校验区块数据的存在性和完整性。在处理完整性验证的应用场景中，特别是在分布式环境下进行这样的验证时，Merkle 树会大大减少数据的传输量以及计算的复杂度，在安全性上仅仅依赖于哈希函数的安全性。Merkle 树通常包含区块体的底层(交易)数据库，区块头的根哈希值(MerkleRoot)以及所有沿底层区块数据到根哈希的分支，运算过程一般是将区块体的数据进行分组哈希，并将生成的新哈希值插入 Merkle 树中，如此递归直到只剩最后一个根哈希值并记为区块头的 Merkle 根。Merkle 树特点如下：

(1) Merkle 树是一种树，大多数是二叉树，也可以多叉树，无论是几叉树，它都具有树结构的所有特点。

(2) Merkle 树的叶子节点的值是数据集合的单元数据或者单元数据哈希值。

(3)非叶子节点的值是根据它下面所有的叶子节点值，然后按照哈希算法计算而得出的。

区块链中的 Merkle 树用于存储交易信息，每个交易两两配对，构成 Merkle 树的叶子节点，进而生成整个 Merkle 树。Merkle 树有诸多优点，首先是极大地提高了区块链的运行效率和可扩展性，使得区块头只需包含根哈希值而不必封装所有底层数据；其次是 Merkle 树可支持"简化支付验证"协议，即在不运行完整区块链网络节点的情况下，也能够对(交易)数据进行检验，使得用户可以通过从区块头得到的 Merkle 树根和别的用户所提供的中间哈希值列表去验证某个交易是否包含在区块中。利用一个节点出发到达 Merkle 树的根所经过的路径上存储的哈希值，可以构造一个 Merkle 证明，验证范围可以是单个哈希值这样的少量数据，也可以是验证可能扩至无限规模的大量数据。提供中间哈希值的用户并不需要是可信的，因为伪造区块头的代价很高，而中间哈希值如果伪造的话会导致验证失败。

图 1-9 所示为一个 Merkle 哈希树，节点 A 的值必须通过节点 C、D 上的值计算而得到。叶子节点 C、D 分别存储数据块 001 和 002 的哈希值，而非叶子节点 A 存储的是其子节点 C、D 的组合的哈希值，这类非叶子节点的哈希值被称作路径哈希值，而叶子节点的哈希值是实际数据的哈希值。

若 C、D、E 和 F 存储了一组数据块的哈希值，当把这些数据从张三传输到李四后，为验证传输到李四的数据完整性，只需要验证张三和李四上所构造的 Merkle 树的根节点值是否一致即可。如果一致，表示数据在传输过程中没有发生改变。假如在传输过程中，E 对应的数据被人篡改，通过 Merkle 树很容易定位找到(因为此时，根节点、B 和 E 所对应的哈希值都发生了变化)，定位的时间复杂度为 $O(\log(n))$。比特币的轻量级节点所采用的 SPV 验证就是利用 Merkle 树这一优点。

为验证数据块 003 所对应的交易包含在区块中，除了 Merkle 树根外，用户只需要节点 A 对应的哈希值 Hash(C，D)以及节点 F 所对应的哈希值 Hash(004)。除了数据块 003 外，它并不需要其他数据块所对应的交易明细。通过 3 次哈希计算，用户就能够确认数据块 003 所对应的交易是否包含在区块中。实际上，若区块包含图 1-9 所对应的 Merkle 树，且区块所包含的 4 个交易的容量均达到最大值，下载整个区块可能需要超过 400 000 字节，而下载两个哈希值加上区块头部仅需要 120 字节，可以减少很大的传输量。

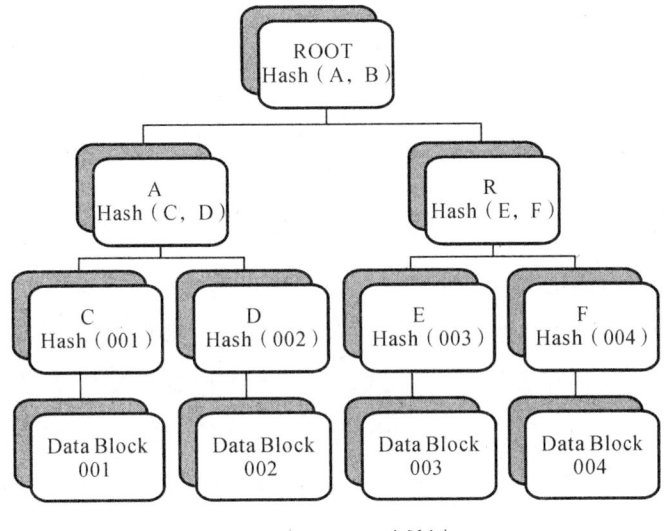

图 1-9 Merkle 哈希树

3. Hash 函数与数字签名

为保证存储于区块链中的信息的安全与完整，区块及区块链的定义和构造中使用了包含密码哈希函数和椭圆曲线公钥密码技术在内的大量现代密码学技术，同时，这些密码学技术也被用于设计基于工作量证明的共识算法并识别用户。

哈希函数(Hash function)又称散列函数，是一类数学函数，可以在有限合理的时间内，将任意长度的输入(Pre image)通过 Hash 算法变换成固定长度的输出，该输出称为哈希值(或 Hash 值、散列值)。这种转换是一种压缩映射，也就是散列值的空间通常远小于输入的空间，不同的输入可能会散列成相同的输出，所以不可能从散列值来确定唯一的输入值。所有 Hash 函数都有如下一个基本特性：如果两个 Hash 值是不相同的(根据同一函数)，那么这两个 Hash 值的原始输入也是不相同的。这个特性是 Hash 函数具有确定性的结果。但另一方面，Hash 函数的输入和输出不是一一对应的，如果两个 Hash 值相同，两个输入值很可能是相同的，但不绝对肯定二者一定相等(可能出现哈希碰撞)。输入一些数据计算出 Hash 值，然后部分改变输入值，一个具有强混淆特性的 Hash 函数会产生一个完全不同的 Hash 值。典型的 Hash 函数都有无限定义域，比如任意长度的字节字符串和有限的值域，比如固定长度的比特串。在某些情况下，Hash 函数可以设计成具有相同大小的定义域和值域间的一一映射，这类 Hash 函数也称为排列。可逆性可以通过使用一系列的对于输入值的可逆"混合"运算而得到。

以哈希函数为基础构造的哈希算法，在现代密码学中扮演着重要角色，常用于实现数据完整性和实体认证，同时也构成多种密码体制和协议的安全保障。碰撞是与哈希函数相关的重要概念，体现着哈希函数的安全性。所谓碰撞，是指两个不同的消息在同一个哈希函数作用下，具有相同的哈希值(多对一)。哈希函数的安全性是指在现有的计算资源(包括时间、空间、资金等)下，找到一个碰撞是不可行的。

MD5 和 SHA-1 是目前应用最广泛的 Hash 算法，而它们都是以 MD4 为基础设计的。MD4(RFC1320)是 MIT 的 Ronald L.Rivest 在 1990 年设计的。MD 是 Message Digest(消息摘要)的缩写，输出为 128 位，适用在 32 位字长的处理器上用高速软件实现，已被证明不够安全。MD5(RFC 1321)是 Rivest 于 1991 年对 MD4 的改进版本。它对输入仍以 512 位分组，其输出是 4 个 32 位字的级联，与 MD4 相同。MD5 比 MD4 更为复杂，计算速度要慢一点，但更安全，在抗分析和抗差分方面表现更好。MD5 已被证明不具备"强抗碰撞性"。SHA(Secure Hash Algorithm)并非一个算法，而是一个 Hash 函数族，NIST(National Institute of Standards and Technology)于 1993 年发布其首个实现。目前知名的 SHA1 算法在 1995 年面世，输出长度为 160 位的 Hash 值，抗穷举(Brute-force)性更好。SHA-1 设计时基于 MD4 相同原理，也不具备"强抗碰撞性"。为了提高安全性，NIST 还设计出了 SHA-224、SHA-256、SHA-384 和

SHA-512 算法(统称为 SHA-2)，跟 SHA-1 算法原理类似。SHA-3 相关算法也已被提出。目前，MD5 和 SHA-1 已经被破解，一般推荐至少使用 SHA2-256 或更安全的算法。Hash 算法一般都是计算敏感型的，意味着计算资源是瓶颈，主频越高的 CPU 运行 Hash 算法的速度也越快。因此，可以通过硬件加速来提升 Hash 计算的吞吐量。例如采用 FPGA 来计算 MD5 值，可以轻易达到数十千兆比特/秒(Gb/s)的吞吐量。也有一些 Hash 算法不是计算敏感型的。例如 Scrypt 算法，计算过程需要大量的内存资源，节点不能通过简单地增加更多 CPU 来获得 Hash 性能的提升。这样的 Hash 算法经常用在避免算力攻击的场景。

SHA256 是构造区块链所用的主要密码哈希函数。无论是区块的头部信息还是交易数据，都使用这个哈希函数去计算相关数据的哈希值，以保证数据的完整性。同时，在比特币系统中，基于寻找给定前缀的 SHA256 哈希值，设计了工作量证明的共识机制；SHA256 也被用于构造比特币地址，即用来识别不同的用户。SHA256 是一个 Merkle-Damgard 结构的迭代哈希函数，其计算过程分为两个阶段：消息的预处理和主循环。在消息的预处理阶段，主要完成消息的填充和扩展填充，将所输入的原始消息转化为 n 个 512 比特的消息块，之后对每个消息块利用 SHA256 压缩函数进行处理，SHA256 的计算流程如图 1-10 所示。这个计算流程是一个迭代计算的过程，当最后 1 个消息块(第 n 块)处理完毕以后，最终的输出值就是所输入的原始消息的 SHA256 值。

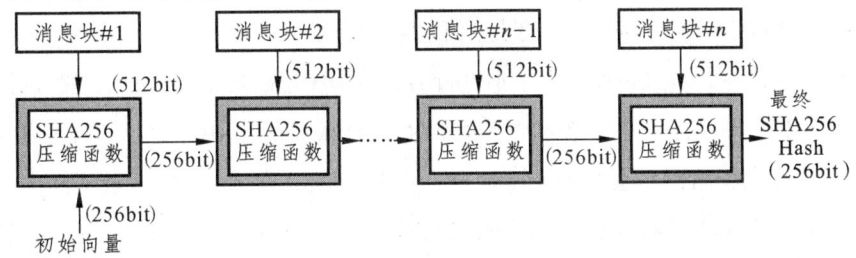

图 1-10　SHA256 计算流程

在比特币系统中，SHA256 算法的一个主要用途是完成 PoW 计算。按照比特币的设计初衷，PoW 要求节点数和算力值大致匹配，因为需要通过 CPU 的计算能力来进行投票。然而随着人们对 SHA256 的计算由 CPU 逐渐升级到 GPU，到 FPGA，直至到 ASIC 矿机，这使得节点数和 PoW 算力也渐渐失配。解决这个问题的一个思路是引入另外的一些哈希函数来实现 PoW。Crypt 算法最早用于基于口令的密钥生成，该算法进行多次带参数的 SHA256 计算，即基于 SHA256 的消息认证码计算，这类计算需要大量的内存支持。采用 Erypt 算法进行 PoW 计算，将 PoW 计算由已有的拼算力在一定程度上转化为拼内存，能够使得节点数和 PoW 的计算力的失配现象得到缓解。莱特币就是采用 Crypt 算法完成 PoW 计算的。

SHA3 算法是 2012 年 10 月由 NIST（美国国家标准与技术研究院）所选定的下一代密码哈希算法。在遴选 SHA3 算法过程中人们提出了一系列的候选算法，包括 BLAKE、Grostl、JH、Keccak、Skein、ECHO、Luffa、BMW、Cubehash、SHAvite、SMID 等，最后胜出的是 Keccak 算法。达世币（DASH，原名暗黑币，DarkCoin）定义了顺序调用上述 11 个哈希算法的 X11 算法，并利用这个算法完成 PoW 计算。同样，由于采用了 X11 算法，使得节点数和 Pow 的计算力能够保持一定程度上的匹配。

哈希函数具有抗碰撞性、原像不可逆、难题友好性等特点。

1）抗碰撞性

碰撞是与哈希函数相关的重要概念，所谓碰撞是指两个不同的消息在同一个哈希函数作用下，具有相同的哈希值。哈希函数 H 的抗碰撞性是指寻找两个能够产生碰撞的消息在计算上是不可行的。值得注意的是，找到两个碰撞的消息在计算上不可行，并不意味着不存在两个碰撞的消息。由于哈希函数把大空间上的消息压缩到小空间上，碰撞肯定存在。例如，将哈希值的长度固定为 256 位，显然如果顺序取 1，2，…，$2^{256}+1$，这 $2^{256}+1$ 个输入值，逐一计算其哈希值，肯定能够找到两个输入值，使得它们的哈希值相同。

一般，依据生日悖论，如果随机挑选其中的 $2^{130}+1$ 个输入，则有 99.8% 的概率可以发现至少一对碰撞的输入。然而，这样的计算非常耗时以至于计算不可行。对于哈希值长度为 256 位的哈希函数，要找到碰撞对，平均需要完成

2 128 次哈希计算，如果计算机每秒能够进行 10 000 次哈希计算，则需要约 1 027 年才能完成这 2 128 次哈希计算。

哈希函数的抗碰撞(Collision Resistance)特性常被用来进行完整性验证。完整性是信息安全的三个基本要素之一，是指在传输、存储信息的过程中，信息不被未授权地篡改或篡改后能被及时发现。由于哈希函数的抗碰撞性，可以把哈希值作为原输入消息的指纹(因为很难找到另一个消息经哈希运算之后得到相同的哈希值)。如果原消息在传输过程中被篡改，那么运行哈希函数后得到的新哈希值就会和原来的哈希值不一样，这样很容易就能发现消息在传输过程中完整性受损。对区块链来说，哈希函数的抗碰撞性可以用来做区块和交易的完整性验证。在区块链中，某个区块的头部信息中会存储着前一个区块的信息的哈希值，如果能拿到前一个区块的信息，任何用户都可以比对计算出来的哈希值和存储的哈希值，来检测前一个区块的信息的完整性。

2) 原像不可逆

原像不可逆指的是知道输入值，很容易通过哈希函数计算出哈希值；但知道哈希值，没有办法计算出原来的输入值。哈希函数的原像是不可逆的，这意味着依据哈希函数的输出是不能计算出该哈希函数的输入的，即已知 $H(m)$，试图计算出原始的 m 值在计算上是不可行的。更特别地，若对消息 m 进行哈希计算时，引入一个随机的前缀 r，依据哈希值 $H(r||m)$，难以恢复出消息 m，这代表着该哈希函数值隐藏了消息 m。

3) 难题友好性

通俗地说，难题友好性(Puzzle Friendliness)指的是没有便捷的方法去产生一满足特殊要求的哈希值。正式的定义是：一个哈希函数 H 称为难题友好的，如果对于每个 n 位的输出 y，若 k 是从一个具有较高不可预测性分布中选取的，不可能以小于 $2n$ 的时间找到一个 x，使 $H(k||x)=y$。这意味着如果有人想通过锁定哈希函数来产生一些特殊的输出 y，而部分输入值以随机方式选定，则很难找到另外一个值，使得其哈希值正好等于 y。

哈希函数的难题友好性构成了基于工作量证明的共识算法的基础。例如，给定字符串"black chain",并在这个字符串后面连接一个整数值串 x,对连接后的字符串进行 SHA256 哈希运算,要求得到的哈希结果(以十六进制的形式表示)以若干个 0 开头。按照这个规则,由 $x=1$ 出发,递增力的值,我们需要经过 2 688 次哈希计算才能找到前 3 位均为 0 的哈希值,而要找到前 6 位均为 0 的哈希值,则需进行 620 969 次哈希计算。也就是说,没有更快捷的方法来产生一个满足要求的哈希结果。这样通过哈希运算得出的符合特定要求的哈希值,可以作为共识算法中的工作量证明。

Hash 函数可以应用在数字签名(摘要)、文件校正、鉴权协议等诸多信息安全领域。数字签名是 Hash 算法最重要的用途之一,通过 Hash 运算获取唯一的摘要值来指代原始完整的数字内容,利用 Hash 函数的抗碰撞性特点,数字签名(摘要)可以解决确保内容未被篡改过的问题。另外,使用一个 Hash 函数可以很直观地检测出数据在传输时发生的错误。在数据的发送方,对将要发送的数据应用 Hash 函数,并将计算的结果同原始数据一同发送。在数据的接收方,同样的散列函数被再一次应用到接收到的数据上,如果两次散列函数计算出来的结果不一致,那么就说明数据在传输的过程中某些地方有错误了。常见的校验算法有奇偶校验和 CRC(循环码)校验,这两种校验并没有抗数据篡改的能力,它们一定程度上能检测并纠正数据传输中的信道误码,但不能防止对数据的恶意破坏。MD5 Hash 算法的"数字指纹"特性,使它成为目前应用最广泛的一种文件完整性校验和(Checksum)算法,不少 UNIX 系统有提供计算 MD5 Checksum 的命令。

4. 非对称加密

非对称加密是现代密码学历史上一项伟大的发明,可以很好地解决对称加密中提前分发密钥的问题。顾名思义,非对称加密算法中,加密密钥和解密密钥是不同的,分别称为公钥(Publickey)和私钥(Privatekey)。私钥一般需要通过随机数算法生成,公钥可以根据私钥生成。公开密钥是对外公开的,而私有密钥是保密的,其他人不能通过公钥推算出对应的私钥。每一个公开密钥都有其相对应的私有密钥，如果我们使用公开密钥对信息进行了加密，那么则必须有对应的私有密钥才能对加密后的信息进行解密；而如果是用私有密钥加密信息，则只有对应的公开密钥才可以进行解密。在区块链中，非对称加密主要用于信息加密、数字签名等场景。

非对称加密算法的优点是公、私钥分开，不安全通道也可使用。其缺点是处理速度（特别是生成密钥和解密过程）往往比较慢，一般比对称加解密算法慢 2~3 个数量级；同时加密强度也往往不如对称加密算法。非对称加密算法的安全性往往需要基于数学问题来保障，目前主要有基于大数质因子分解、离散对数、椭圆曲线等经典数学难题进行保护。代表算法包括 RSA、Diffie Hellman 密钥交换、ElGamal、椭圆曲线（Eliptic Curve Crytosystems，ECC）、SM2 等系列算法。

(1) RSA：经典的公钥算法，1978 年由 Ron Rivest、Adi Shamir、Leonard Adleman 共同提出，三人于 2002 年因此获得图灵奖。算法利用了对大数进行质因子分解困难的特性，但目前还没有数学证明两者难度等价，或许存在未知算法在不进行大数分解的前提下解密。

(2) Diffie Hellman 密钥交换：基于离散对数无法快速求解，可以在不安全的通道上，双方协商一个公共密钥。

(3) ElGamal：由 Taher ElGamal 设计，利用了模运算下求离散对数困难的特性，被应用在 PGP 等安全工具中。

(4) 椭圆曲线（Elliptic Curve Cryptography，ECC）：现代备受关注的算法系列，基于对椭圆曲线上特定点进行特殊乘法逆运算难以计算的特性。最早在 1985 年由 Neal Koblitz 和 Victor Miller 分别独立提出。ECC 系列算法一般被认为具备较高的安全性，但加解密计算过程往往比较费时。

(5) SM2（ShangMi 2）：国家商用密码算法，由国家密码管理局于 2010 年 12 月 17 日发布，同样基于椭圆曲线算法，加密强度优于 RSA 系列算法。非对称加密算法一般适用于签名场景或密钥协商，但不适于大量数据的加解密。目前普遍认为 RSA 类算法可能在不远的将来会被破解，一般推荐采用安全强度更高的椭圆曲线系列算法。

5. 时间戳

时间戳是指从格林尼治时间 1970 年 01 月 01 日 00 时 00 分 00 秒（北京时间 1970 年 01 月 01 日 08 时 00 分 00 秒）起至现在的总秒数，通常是一个字符序列，唯一地标识某一刻的时间。在比特币系统中，获得记账权的节点在链接区块时需要在区块头中加盖时间戳，用于记录当前区块数据的写入时间。每一个随后区块中的时间戳都会对前一个时间戳增强工作量证明，形成一个时间递增的链条。时间戳技术本身并没有多复杂，但在区块链技术中应用时间戳却是一个重大创新，时间戳为未来基于区块链的互联网和大数据增加了一个时间维度，使得数据更容易追溯，重现历史也成为可能。同时，时间戳可以作为存在性证明(Proof of Existence)的重要参数，它能够证实特定数据必然在某特定时刻是的确存在的，这保证了区块链数据库是不可篡改和不可伪造的，这也为区块链技术应用于公证、知识产权注册等时间敏感领域提供了可能。

(二)网络层

网络层是区块链平台信息传输的基础，通过 P2P(Peer-to-Peer)的组网方式、特定的信息传播协议和数据验证机制，使得区块链网络中的每个节点都可以平等地参与共识与记账。下面对区块链平台网络层中的 P2P 网络架构、信息传输机制和数据验证机制进行简要介绍。

1. P2P 网络架构

区块链网络一般采用的是基于互联网的 P2P 架构。P2P 网络是一种在对等者(Peer)之间分配任务和工作负载的分布式应用架构，是对等计算模型在应用层形成的一种组网或网络形式。在 P2P 网络中，每台计算机每个节点都是对等的，它们共同为全网提供服务。而且，没有任何中心化的服务端，每台主机都可以作为服务端响应请求，也可以作为客户端使用其他节点所提供的服务。P2P 通信不需要从其他实体或 CA 获取地址验证，因此有效地消除了篡改的可能性和第三方欺骗。所以 P2P 网络是去中心化和开放的，这也正符合区块链技术的理念。

不同于传统的客户端/服务端(Client/Server，C/S)结构，P2P 网络中的每个节点都可以既是客户端也是服务端，因此也不适合使用 HTTP(超文本传输协议)进行节点之间的通信，一般都是直接使用 Socket 进行网络编程。P2P 主要存在四种不同的网络模型，也代表着 P2P 技术的四个发展阶段：集中式、纯分布式、混合式和结构化模型。不过需要指出的是，这里所说的网络模型主要是指路由查询结构，即不同节点之间如何建立连接通道。

最简单的路由方式就是集中式，即存在一个中心节点保存了其他所有节点的索引信息，索引信息一般包括节点 IP 地址、端口、节点资源等。集中式路由的优点就是结构简单，实现容易，但缺点也很明显，由于中心节点需要存储所有节点的路由信息，当节点规模扩展时，就很容易出现性能瓶颈。此外，也存在单点故障问题。

第二种路由结构是纯分布式的，移除了中心节点，在 P2P 节点之间建立随机网络，就是在一个新加入节点和 P2P 网络中的某个节点间随机建立连接通道，从而形成一个随机拓扑结构。新节点加入该网络的实现方法也有很多种，最简单的就是随机选择一个已经存在的节点并建立邻居关系。以比特币为例，是使用 DNS 的方式来查询其他节点，DNS 一般是硬编码到代码里的，这些DNS 服务器就会提供比特币节点的 IP 地址列表，从而新节点就可以找到其他节点建立连接通道。新节点与邻居节点建立连接后，还需要进行全网广播，让整个网络知道该节点的存在。全网广播的方式就是，该节点首先向邻居节点广播，邻居节点收到广播消息后，再继续向自己的邻居节点广播，以此类推，从而广播到整个网络。这种广播方法也称为泛洪机制。纯分布式结构不存在集中式结构的单点性能瓶颈问题和单点故障问题，具有较好的可扩展性，但泛洪机制引入了新的问题，主要是可控性差的问题，包括两个较大的问题：一是容易形成泛洪循环，比如节点 A 发出的消息经过节点 B 到节点 C，节点 C 再广播到节点 A，这就形成了一个循环；另一个棘手问题则是响应消息风暴问题，如果节点 A 想请求的资源被很多节点所拥有，那么在很短时间内，会出现大量节点同时向节点 A 发送响应消息，这就可能会让节点 A 瞬间瘫痪。

第三种路由结构混合式其实就是混合了集中式和分布式结构，网络中存在多个超级节点组成分布式网络，而每个超级节点则有多个普通节点与它组成局部的集中式网络。一个新的普通节点加入，则先选择一个超级节点进行通信，该超级节点再推送其他超级节点列表给新加入节点，加入节点再根据列表中的超级节点状态决定选择哪个具体的超级节点作为父节点。这种结构的泛洪广播只发生在超级节点之间，可以避免大规模泛洪存在的问题。在实际应用中，混合式结构是相对灵活并且比较有效的组网架构，实现难度也相对较小，因此目前包括比特币网络在内的较多系统都是基于混合式结构进行开发实现。

最后一种网络则是结构化 P2P 网络，它也是一种分布式网络结构，但与纯分布式结构不同。纯分布式网络是一个随机网络，而结构化网络则将所有节点按照某种结构进行有序组织，比如形成一个环状网络或树状网络。而结构化网络的具体实现上，普遍都是基于 DHT（Distributed Hash Table，分布式哈希表）算法思想。DHT 只是提出一种网络模型，并不涉及具体实现，主要想解决如何在分布式环境下快速而又准确地路由、定位数据的问题。具体的实现方案有 Chord、Pastry、CAN、Kademlia 等算法，其中 Kademlia 也是以太坊网络的实现算法，很多常用的 P2P 应用（如 Bit Torrent、电驴等）也是使用 Kademlia。

在 P2P 网络中，可以抽象出两种空间：资源空间和节点空间。资源空间就是所有节点保存的资源集合，节点空间就是所有节点的集合。对所有资源和节点分别进行编号，如把资源名称或内容用 Hash 函数变成一个数值（这也是 DHT 常用的一种方法），这样，每个资源就有对应的一个 ID，每个节点也有一个 ID，资源 ID 和节点 ID 之间建立起一种映射关系。比如，将资源 n 的所有索引信息存放到节点 n 上，那要搜索资源 n 时，只要找到节点 n 即可，从而就可以避免泛洪广播，能更快速而又准确地路由和定位数据。当然，在实际应用中，资源 ID 和节点 ID 之间是无法做到一一对应的，但因为 ID 都是数字，就存在大小关系或偏序关系等，基于这些关系就能建立两者的映射关系。这就是 DHT 的核心思想。DHT 算法在资源编号和节点编号上就是使用了分布式哈希表，使得资源空间和节点空间的编号有唯一性、均匀分布式等较好的性质，能够适合结构化分布式网络的要求。

不同的区块链可能会使用不一样的网络模型，但基本原理是一样的，建立在 IP 通信协议和分布式网络的基础上，不依靠传统的电路交换，而是建立于网络通信之上，完全通过互联网去交换信息。在区块链网络中，所有的节点具有同等的地位，不存在任何特殊化的中心节点和层级结构，每个节点均会承担网络路由、验证数据区块等功能，以扁平式拓扑结构相互连通和交互，每个节点都需要承担网络路由、验证区块数据、传播区块数据等功能。网络的节点根据存储数据量的不同可以分为全节点和轻量级节点，全节点存储了从创世区块以来的所有区块链完整数据[比特币网络现在大约有几十吉字节（GB），且还在不断增长中]信息，并需要实时地参与区块链数据的校验和记录来更新区块链主链。全节点的优点是进行数据校验时不需要依靠别的节点。仅依靠自身就可以完成校验更新等操作，缺点是硬件成本较高。轻量级节点只需要存储部分数据信息，当需要别的数据时可以通过简易支付验证方式（Simplified Payment Verification，SPV）向邻近节点请求所需数据来完成验证更新。

2. 信息传输机制

在新的区块数据生成后，生成该数据的节点会将其广播到全网的其他节点以供验证。目前的区块链底层平台一般都会根据自身的实际应用需求，在比特币传输机制的基础上重新设计或者改进出新的传输机制，如以太坊区块链集成了所谓的"幽灵协议"，以解决因区块数据确认速度快而导致的高区块作废率和随之而来的安全性风险。比特币系统的传输协议实现步骤如下：

（1）比特币交易节点将新生成的交易数据向全网所有节点进行广播；

（2）每个节点都将收集到的交易数据存储到一个区块中；

（3）每个节点基于自身算力在区块中找到一个具有足够难度的工作量证明；

（4）当节点找到区块的工作量证明后，就向全网所有节点广播此区块；

(5)只有包含在区块中的所有交易都有效且之前未存在过,其他节点才认同该区块的有效性;

(6)其他节点接收该数据区块,并在该区块的末尾制造新的区块以延长链,而将被接收的区块的随机哈希值视为新区块的前序区块哈希值。

如果交易的相关节点是一个未与其他节点相连接的新节点,比特币系统通常会将一组长期稳定运行的"种子节点"推荐给新节点以建立连接,或者推荐至少一个节点连接新节点。此外,进行广播的交易数据并不需要全部节点都接收到,只要有足够多的节点作出响应,交易数据便可整合到区块链账本中,而未接收到完整交易数据的节点可以向邻近节点请求下载缺失的交易数据。

3. 数据验证机制

在区块链网络中,所有的节点都会时刻监听网络中广播的交易数据和新产生的区块。在接收到相邻节点发来的数据后,会首先验证该数据的有效性,若数据有效则按接收顺序为新数据建立存储池来暂存这些数据,并且继续向邻近节点转发;若数据无效则立即废弃该数据,从而保证无效数据不会在区块链网络中继续传播。验证有效性的方法是根据预定义好的标准,从数据结构、语法规范性、输入输出和数字签名等各方面进行校验。对于新区块的校验同理,某节点产生出新区块后,其他节点按照预定义的标准对新区块的工作量证明、时间戳等方面进行校验,若确认有效,则将该区块链接到主区块链上,并开始争取下一个区块的记账权。

(三)共识层

共识层主要封装网络节点的各类共识算法。共识机制算法是区块链技术的核心技术,解决在没有中心控制的情况下,如何在互相没有信任基础的个体之间就交易的合法性等达成共识的问题。如何在分布式系统中高效地达成共识是分布式计算领域的一个重要研究课题。区块链的共识层的作用就是在不同的应用场景下通过使用不同的共识算法，在决策权高度分散的去中心化系统中使得各个节点高效地达成共识。

如果说共识是区块链的基础，那么共识机制就是区块链的灵魂，因为这决定了系统中各个节点的责任和义务，继而会影响整个系统的安全性和可靠性。目前已经有了十多种共识机制算法，最初比特币区块链选用了一种依赖节点算力的工作量证明共识（Proof of Work，PoW）机制来保证比特币网络分布式记账的一致性。之后随着区块链技术的不断演进和改进，研究者陆续提出了一些不过度依赖算力而能达到全网一致的算法，如权益证明（Proof of Stake，PoS）机制、授权股份证明（Delegated Proof of Stake，DPoS）机制、实用拜占庭容错（Practical Byzantine Fault Tolerance，PBFT）算法等。当然，没有一个算法是完美无缺的，每个算法都有其适用场景。

（四）激励层

激励层作为将经济因素引入区块链技术的一个层次，其存在的必要性取决于建立在区块链技术上的具体应用需求。该层主要出现在公有链中，因为在公有链中必须激励遵守规则参与记账的节点，并且惩罚不遵守规则的节点，才能让整个系统朝着良性循环的方向发展。所以激励机制往往也是一种博弈机制，让更多遵守规则的节点愿意进行记账。而在私有链中，则不一定需要进行激励，因为参与记账的节点往往是在链外完成了博弈，也就是可能有强制力或者有其他需求来要求参与记账。这里以比特币系统为例，对其激励层进行介绍。

在比特币系统中，大量的节点算力资源通过共识过程得以汇聚，从而实现区块链账本的数据验证和记账工作。在去中心化系统中，共识节点本身是自利的，其参与数据验证和记账工作的根本目的是最大化自身收益。所以，必须设计合理的激励机制，使得共识节点最大化自身收益的个体行为与区块链系统的安全性和有效性相契合，从而使大规模的节点对区块链历史形成稳定的共识。比特币采用 PoW 共识机制，在该共识中其经济激励由两部分组成：一是新发行的比特币；二是交易流通过程中的手续费。两者组合在一起，奖励给 PoW 共识过程中成功计算出符合要求的随机数并生成新区块的节点。因此，只有当各节点达成共识，共同合作来构建和维护区块链历史记录及其系统的有效性，当作奖励的比特币才会有价值。

(五) 合约层

合约层封装了各类脚本、算法和智能合约，是区块链可编程性的基础。比特币本身就具有简单脚本的编写功能，而以太坊极大地强化了编程语言协议，理论上可以编写实现任何功能的应用。如果把比特币看成是全球账本的话，以太坊可以看作一台"全球计算机"，任何人都可以上传和执行任意的应用程序，并且程序的有效执行能得到保证。如果说数据、网络和共识三个层次作为区块链底层"虚拟机"，分别承担数据表示、数据传播和数据验证功能，合约层则是建立在区块链虚拟机之上的商业逻辑和算法，是实现区块链系统灵活编程和操作数据的基础。包括比特币在内的"数字加密货币"大多采用非图灵完备的简单脚本代码来编程控制交易过程，这也是智能合约的雏形。随着技术的发展，目前已经出现以太坊等图灵完备的可实现更为复杂和灵活的智能合约的脚本语言，使得区块链能够支持宏观金融和社会系统的诸多应用。

智能合约的概念可以追溯到 1995 年，由密码学家尼克·萨博（Nick Szabo）提出并进行如下定义：一个智能合约是一套以数字形式定义的承诺，包括合约参与方可以在上面执行这些承诺的协议。其设计初衷是希望通过将智能合约内置到物理实体来创造各种灵活可控的智能资产。但由于计算手段的落后和应用场景的缺失，智能合约在当时并未受到研究者的广泛关注。区块链技术的出现对智能合约进行了新的定义并使其成为可能。智能合约作为区块链技术的关键特性之一，具有自治、自足和去中心化等要素，是运行在区块链上的模块化、可重用、自动执行的脚本，能够实现数据处理、价值转移、资产管理等一系列功能。合约部署的时候被虚拟机编译成操作码存储在区块链上，对应地会有一个存储地址。当预定的条件发生时，就会发送一笔交易（Transaction）到该合约地址，全网节点都会执行合约脚本编译生成的操作码，最后将执行结果写入区块链。作为一种嵌入式程序化合约，智能合约可以内置在任何区块链数据、交易或资产中，形成可由程序自行控制的系统、市场或资产。智能合约不仅为金融行业提供了创新性的解决方案，同时也能在社会系统中的信息、资产、合同、监管等事务管理中发挥重要作用。

基于区块链技术的智能合约不仅可以发挥智能合约在成本效率方面的优势，还可以避免恶意行为对合约正常执行的干扰。智能合约可以应用到任何一种数据驱动的业务逻辑中，以太坊首先看到了区块链和智能合约的契合，发布了白皮书《以太坊：下一代智能合约和去中心化应用平台》，构建了内置有图灵完备编程语言的公有区块链，使得任何人都能够创建合约和去中心化应用。智能合约与区块链的结合，丰富了区块链本身的价值内涵，其特性有以下几点：

(1)用程序逻辑中的丰富合约规则表达能力实现了不信任方之间的公平交换，避免了恶意方中断协议等可能性；

(2)最小化交易方之间的交互，避免了计划外的监控和跟踪的可能性；

(3)丰富了交易与外界状态的交互，如可信数据源提供的股票信息、天气预报等。

(六)应用层

应用层封装了区块链的各种应用场景和案例。例如搭建在以太坊上的各类区块链应用就是部署在应用层，所谓可编程货币和可编程金融也将会搭建在应用层。该模型中，基于时间戳的链式区块结构、分布式节点的共识机制、基于共识机制的经济激励和灵活可编程的智能合约是区块链技术最具代表性的创新点。其中数据层、网络层和共识层是构建区块链应用的必要因素，否则将不能称为真正意义上的区块链。而激励层、合约层和应用层则不是每个区块链应用的必要因素，有部分的区块链应用并不完整地包含着这三层结构。

第四节　区块链的关键技术

一、共识机制技术

共识机制是区块链技术的一个核心问题，它决定了区块链中区块的生成规则，保证了各节点的诚实性、账本的容错性和系统的稳健性。常用的共识机制主要有 PoW、PoS、DPoS、PBFT 等。通常可以从性能效率、资源消耗、容错性、监管水平等几个方面进行评价和比较不同的共识机制特性。

（一）PoW（工作量证明）

工作量证明的定义，简单来说就是工作端对有一定难度的数学问题提交计算结果，而其他任何人都能够通过验证这个答案就确信工作端已经完成大量的计算任务。工作量证明的主要特征是根据机器的运算资源来分配记账权，由于参与运算的不同节点根据自身的运算资源获取记账权，所以这些节点在竞争结束前都要一直进行哈希运算，资源消耗较高。而众多参与节点中最终只会产生一名记账者，性能效率比较低。其典型应用为比特币。

（二）PoS（权益证明）

权益证明指的是所有权证明，节点通过拥有的所有权的证明获得产生新区块的权利。系统根据节点持有的所有权的数量和时间来等比例地降低挖矿难度，使得节点记账权的获得难度与节点持有的权益成反比。与工作量证明中所有机器的同等挖矿难度相比，该方法在一定程度上减少了数学运算难度和各节点的资源消耗，性能也有一定的提升。但由于在挖矿时仍是基于哈希运算竞争的方式，所以可监管性弱，共识机制容错性也和工作量证明基本相同。其典型应用为 Peercoin、NXT 等。

(三)DPoS(委任权益证明)

工作量证明与权益证明机制都能有效地解决记账行为的一致性共识问题,但在工作量证明中拥有巨大算力的一方容易成为中心,而在权益证明机制中所有权比例越大的账户拥有更大的权力。委任权益证明机制致力于解决 PoW 机制和 PoS 机制的不足。在委任权益证明机制中,可由区块链网络主体投票产生 N 个见证人来对区块进行签名,其根本特性是权益所有者保留了控制权从而使系统实现去中心化。通过信任少量诚信节点减少了确认要求,提高了交易速度。因此,其性能、资源消耗都要优于 PoS,其合规监管、容错性与 PoS 相似。其典型应用为比特股(BitShares)。

(四)PBFT(实用拜占庭容错算法)

PBFT 的原理是基于异步网络环境下的状态机副本复制协议,与一般公有链的共识机制主要基于经济博弈原理不同。在 PBFT 算法中,不同的节点之间通过消息交换尝试达成共识,也是一种采用许可投票、少数服从多数来选举领导者进行记账的共识机制,可以实现出块即确认。同时该共识机制允许强监管节点参与,具备权限分级能力,性能更高,耗能更低。该算法每轮记账都会由全网节点共同选举领导者,允许 33%的节点作恶(容错率为 33%)。其典型应用为超级账本(Hyperledger)项目。

二、智能合约技术

区块链中的智能合约可视作一段部署在区块链上由事件驱动,具有状态的,获得多方承认的,可自动运行、无须人工干预,且能够根据预设条件自动处理资产的程序。从本质上讲,智能合约的工作原理类似于计算机程序中的 if-then 语句。当一个预先设定好的条件被触发时,智能合约便执行相应的条款程序。智能合约运行在图灵完备的虚拟机上,因此智能合约的具体条款可以根据应用场景由开发人员编写,其具体的技术细节又包括编程语言、编译器、虚拟机、事件、状态机、容错机制等。由于智能合约本质上是一段程序，存在出错的可能性；需要做好充分的容错机制，通过系统化的手段，结合运行环境隔离，确保合约正确执行。

三、安全传输技术

（一）哈希算法

哈希算法也叫数据摘要或者散列算法，其原理是将一段信息映射成一个固定长度的二进制值，该二进制值称为哈希值。哈希值具有以下特点：

(1)若某两段信息相同，则它们经过哈希运算得到的哈希值也相同。

(2)若某两段信息不同，即使只是相差一个字符，它们产生的哈希值也会不同，且杂乱无章毫无关联。

要找到哈希值为同一值的两个不同输入，在计算上是不可能的，因此哈希值可以被用以检验数据的完整性，可以把给定数据的哈希值理解为该数据的"指纹信息"。在本质上，散列算法的目的不是为了"加密"而是为了抽取"数据特征"。

典型的哈希算法有 MD5、SHA1/SHA256 和 SM3 等，各算法特点的对比见表 1-5。

表 1-5　典型哈希算法的特点

加密算法	安全性	运算速度	输出大小/位
MD5	低	快	128
SHAI	中	中	160
SHA256	高	比 SHAI 略慢	256
SM3	高	比 SHAI 略慢	256

目前区块链主要使用 SHA256；国内某些特定业务场景使用国密 SM3，也符合国家安全和监管的要求。SHA256 和 SM3 这两种算法的效率和安全性大致

相当，但由于不同业务场景的安全性标准有别，未来不排除仍需探索更优算法的可能性。

（二）非对称加密算法

非对称加密算法是区块链的基础技术之一。在区块链中使用非对称加密的公、私钥来构建节点间信任。非对称加密算法由对应的一对唯一的密钥（即公开密钥和私有密钥）组成，任何获悉用户公钥的人都可用用户的公钥对信息进行加密与用户实现安全信息交互。由于公钥与私钥之间存在依存关系，只有持有私钥的用户本身才能解密该信息，任何未经授权的用户甚至信息的发送者都无法将此信息解密。常用的非对称加密算法主要有 RSA、ECC 以及 SM2，其特点比较见表 1-6。

表 1-6　常用非对称加密算法的特点

加密算法	成熟度	安全性	运算速度	资源消耗
RSA	高	低	慢	高
ECC	高	高	中	中
SM2	高	高	中	中

四、数据存储技术

（一）区块数据结构

在区块链中，数据以区块的方式永久储存。区块链的时间戳解决了区块的排序问题，新区块生成时便记录着上一个区块通过哈希计算得到的哈希值，实现了区块密码学链接。每一个区块记录了其创建期间发生的所有交易信息。区块的数据结构一般分为区块头和区块体，以比特币为例，区块头部分记录了版本号、前一个区块的哈希值、默克尔树的根值、时间戳、目标特征值和随机数值；区块体部分则包含经过验证的、区块创建过程中产生的所有交易信息。区块主标识符是它的加密哈希值，即一个通过 SHA256 算法对区块头进行二次哈希计算而得到的数字指纹，产生的 32 字节哈希值被称为"头哈希"。第二种识别区块的方式是按照该区块在区块链中的位置，即"块高度"，如第一个区块，其块高度为 0。

（二）数据库

在区块链中关系型和非关系型两种数据库均可采用。其中，关系型数据库采用关系模型来组织数据，支持各种 SQL 功能，功能性强，支持事务性，读/写性能一般，可扩展性弱，在数据存在海量并发情况下表现较差；非关系型数据库中键值对数据库的数据结构组织形式简单，读/写性能很高，支持海量并发读/写请求，可扩展性强，操作接口简单，支持一些基本的读、写、修改、删除等功能，但不支持复杂的 SQL 功能和事务。

根据部署形式的不同，数据库可分为单机型和分布式两种。其中，单机型数据库保证强一致性和较好的可用性；分布式数据库在物理部署上遵循了分布式架构，能提供高并发的读/写性能和容错性，有很强的可用性和分区容错性，但由于需要进行数据同步，分布式架构的数据一致性较弱，只能保证最终一致性。

在区块链中，如果待存储的是一些字符串、JSON 对象，可以使用扩展账本结构链存储；如果是图片、视频等较大的多媒体文件，可以将文件的哈希值存储在链上，而原文件则可以使用云存储将其存储到云端。

（三）组网技术

组网技术是区块链的核心技术之一，在去中心化的组网架构中区块链才能实现不依赖中心网络的特性。区块链网络协议一般采用 P2P 协议，确保同一网络中的每台计算机彼此对等，各个节点共同提供网络服务，不存在任何"特殊"节点。不同的区块链系统会根据需要制定独自的 P2P 网络协议，例如，比特币有比特币网络协议，以太坊也有自己的网络协议。

五、区块链的技术风险

作为一种极其巧妙的分布式数据存储、点对点传输、共识机制、加密算法等计算机技术集成应用体系,区块链技术被认为是对现有模式的颠覆式创新,并正在全球范围引起一场新的技术革新和产业变革。作为一把双刃剑,区块链既前景广阔,蕴含机遇,同时也充满挑战,面临诸多风险。

(一)安全隐患

关于安全隐患,主要从密钥安全、错误的实现和协议被攻击三个方面加以说明。

1. 密钥安全

区块链密钥技术的特点是不可逆、不可伪造,但前提是私钥是安全的。密钥安全问题看似老生常谈,其实在区块链世界里还有特别的意义。在区块链体系中,私钥是每个用户自己生成并且自己负责保管的,理论上没有第三方的参与,所以私钥一旦丢失,便无法对账户的资产做任何操作。多重签名某种程度上能解决一部分问题,但实施起来非常复杂,而且要设计与之相配套的非常复杂的密钥管理和使用体系。

对于普通用户,或者没有太多技术经验的企业用户,会觉得补私钥可能和补身份证或者营业执照差不多,但事实上这根本就不可能,所以私钥的安全非常重要,但遗憾的是国际通用的多因素认证体系实施得并不好。多因素体系最常见的维度包括:

(1)知识:指的是密码这类能被记忆的知识。

(2)资产:包括门禁卡、令牌、手机、密码键盘、智能卡等。

(3)本征:包括指纹、虹膜、DNA、声纹等。

仅仅使用一种维度因素的认证方式叫单因素认证,目前早已经被业界认为是不安全的,所以与支付相关的应用除了密码以外,至少也得发一个验证码到手机，这就是对手机这一资产的因素验证。但进行大部分资产的因素验证并不具有理论上要求的可信环境，或者称之为终端安全，这就大大提高了私钥暴露的风险。比如，严格来说大部分手机都不算可信的计算环境，但是因为太方便了，所以大家做了很多妥协。这在保护低价资产的时候还可以忍受，但往往大家用区块链都是处理重要价值的业务。

即便采用包含本征因素在内的三因素认证，也仍然无法根本解决密钥安全问题。事实上，安全领域专家对使用本征因素存在非常多的争议，主要的反对理由就是，大部分本征类别是生物特征，一旦泄露将很难更改。试想一旦我们的指纹落入不法分子手里，可能将终身都会受到其困扰，从以往的经验上来看，这种事情的大规模发生只是早晚的问题。

综上所述，可见：①密钥的补发与管理和区块链的分布式是冲突的；②密钥的认证需要可信的计算环境在很大程度上是缺失的。

2. 错误的实现

即便是理论上很完备的算法，也会有各种实现上的错误。由于区块链大量应用了各种密码学技术，属于算法高度密集工程，出现错误也是在所难免的。

历史上这类事情有很多，比如 NSA 对 RSA 算法实现埋入缺陷，使其能够轻松破解别人的加密信息。一旦爆发这种级别的漏洞，可以说区块链整个大厦的基础将轰然倒塌，不会有一个幸存者。即便我们乐观一点，假设没有人或者机构存心搞鬼，也存在工程实现上的非主观缺陷。比如 OpenSSL 的心脏出血漏洞（Heartbleed Bug），SSL 协议是使用最为普遍的网站加密技术，而 Open SSL 则是开源的 SSL 套件，由世界上最优秀的算法工程师做的被最广泛应用的加密算法库，并为全球成千上万的 Web 服务器所使用。OpenSSL 尚且如此，我们如何能确保未来区块链使用这么多加密算法后还能独善其身呢？

假设基础类库和服务都没有问题，将其零漏洞地整合到应用中也是一件几乎不可能实现的任务。比如 block chain.info 被曝没有正确生成随机数，导致严重的安全问题；以太坊 DAO 合约漏洞致使业务还没有开展时，准备的钱已经不见了。更加可怕的事实是，技术风险已经超过业务风险成为区块链的主要风险。以往金融机构也是涉及业务风险和技术风险，虽然也重视技术风险，但是整个体系的建设还是围绕着防范业务风险展开。但是从区块链现在最成熟的应用比特币来说，目前比特币交易所遭遇的最大的危机都来自技术风险而不是业务风险。

曾经世界上最大的交易所 Mt. Gox 倒闭就是因为黑客攻击导致巨额资产损失。就在最近，世界知名交易所 Bitfinex 也因为多重签名缺陷导致 12 万个比特币的损失。所以我们有理由相信，未来在区块链上这种技术风险的防范一定是流程中的重中之重。

3. 协议被攻击

比特币的成功与它强大的算力基础分不开，而目前其他的区块链应用的算力都尚无法与比特币相比，难以有足够的算力来保证系统的稳定性，理论上也越容易受到如51%算力攻击这样的在基础协议层面的攻击。Krypton 平台最近就遭到这种攻击，而且这种攻击方法被认为是一个有效的攻击以太坊的手段。这种事情并不是偶发，而是接连发生。如果 51%算力攻击蔓延下去，那么区块链所标榜的"不可篡改"将不复存在，任何基于区块链的信任应用都将土崩瓦解。除了这种已知的攻击方法，随着黑客技术的进步，可以预测攻击协议的其他手段也会层出不穷。由于区块链本身的分布式特性导致其进行整体升级非常困难，所以一旦发现有效的攻击手段，可能在很长的一段时间内，对区块链系统都会造成持续不断的负面影响，那是一种难以彻底清除的噩梦。

（二）生态圈不成熟

区块链技术不能独立于其他关联技术而独立发展，这和云计算类似。亚马逊的云计算大规模商用的时候已经有了数十个服务，区块链目前还没有完整的生态社区。虽然目前有很多非常强大的公司联盟、开源组织支持，但是生态体系的建设不是一朝一夕的事情。区块链再好也得有一系列为其服务的基础设施，比如适用于区块链的数据库和存储方案，为区块链加速的网络服务，提高安全性的硬件密钥的广泛应用等。互联网于20世纪70年代产生，90年代Email作为其第一个成功的应用被广泛使用，其间经历的时间比大部分人预想的都要长。构筑完善的生态系统，不但要求技术上的各种突破，也需要人们改变一些思维定式，并不是那么容易的。

目前的区块链应用生态还很小，想要形成具有规模的生产力还必须假以时日。少数进展比较快的项目，如IPFS、BigChainDB等都还处于非常早期的阶段，能够达到商用还有很长的路要走。

(三)性能瓶颈

原来大家讲区块链是可以低成本快速转账，但从比特币的实际应用来看性能是困扰其发展的最大瓶颈。现在的比特币交易只能达到每秒7笔交易，相对于VISA公布的每秒44万笔交易相差实在太多。虽然也有些新的区块链技术号称能够做到每秒几万笔交易，但是基本上都是基于实验室环境或者不能进行大规模应用。很显然，性能会极大地制约区块链的应用场景。

纽约证券交易所(New York Stock Exchange，NYSE)核心系统要求在每秒百万级别，上海证券交易所和深圳证券交易所在每秒几十万笔级别，物联网要求在每秒几千上万级别，这也就是为什么现在国外的区块链创新都围绕在一些鉴定、存证等要求处理速度不高的场景。目前市面上充斥着各种性能评测报告，但多数都没有具体测试方法和实验参数，导致很难验证，不得不说这是一个非常遗憾的事实。目前比特币的交易网络有大量交易需要等待5~6 h才能被确认，对于提升其性能的方法也存在很大的争议。其根本原因就是在分布式、一致性保证的前提下，性能被牺牲掉。"多、快、好"的完美方案是不存在的，我们选择了"多"(分布式)和"好"(一致性)，就不得不放弃"快"(性能)。由于性能瓶颈，导致了比特币转账费用持续攀升，如何应对这类问题，也必将是其他区块链应用绕不开的主题之一。

(四)智能合约困境

一种非常流行的极端性的观点是这样的,该观点将智能合约当成潘多拉魔盒,认为它就是噩梦的开始。目前流行的智能合约是在图灵手中完善起来的,从本质上来看,它拥有和计算机一样的计算能力,这就说明它可以在区块链技术中引起质的飞跃,也同时会引起相应的灾难。正如计算机出现之后,随之而来的就是无处不在的以破坏计算机系统为目的的计算机病毒,智能合约也是如此,会出现智能合约病毒。这些病毒可以通过感染和修改其他合约的方式来篡改作者的意图。这并不是耸人听闻的科幻小说,一旦智能合约病毒出现,其破坏性将会大大超过计算机病毒。从另一方面来说,智能合约很难和人的真实意图对应,理论上看也无法产生这样的完美系统。同时,智能合约的编写是一项非常专业的技术,短时间内的主要困境在于人才缺乏。这种智能合约编写的困境也会不可避免产生新的职业机会,如智能合约的律师,他们主要负责智能合约在执行过程中的法律问题,从而确保智能合约的保险,一旦智能合约编写的结果无法达到产权人的真正要求和目的,就可以向编写人员提出申诉,并获得一定的赔偿。

此外,正确性验证和证明从某种程度来看可以解决相应的问题,但是其缺点就是不够成熟,成本大,必须通过新技术的突破来完成。当前阶段的智能合约依然有不同程度的限制,主要表现在升级非常困难。智能合约一旦出现漏洞,也很难通过升级的方式来解决问题。以太坊也由于 DAO 事件,无奈需要采取硬分叉策略,这些都是大家很不想看到的。现实的合同上一般都有一条声明,即"未尽事宜协商解决",但是智能合约的协商解决怎么定义,却是不清楚的。目前智能合约的研究主要集中在智能合约协商的方面,我们可以预测到未来的智能合约将会变得越来越复杂,甚至是必须要专业程序员才能理解。

第二章
高校优质教育资源配置现状分析

近年来，随着我国社会经济的飞速发展，社会文明程度的不断提高，人们生活的日益改善，享受优质教育越来越成为广大人民群众的迫切需求。人民群众的教育需求要得到满足，根本上取决于优势教育资源的规模和数量。但是，从现实情况来看，我国当前的优质教育资源依然十分短缺，分布上也极不平衡，故而当务之急是要优化配置高校的优质教育资源，从而解决教育发展的基本问题。教育资源是教育活动开展的支撑和基础，可以将其简单理解为学校硬件设施和软件设施的总和，也可以将其理解为学校维持正常运转所必需的人力、物力、财力、制度、文化的综合体。教育资源的构成是多样化的，教育资源的存在形态是丰富多彩的，教育资源的分布很不平衡，因此，教育资源需要在优化中实现实力的聚集与内力的聚合，走向综合实力与综合竞争力最优化是教育资源优化的根本意义所在。就我国而言，一切教育资源优化工作的最终目的只有一个，即创建优质教育，为民众提供满意的教育服务。

第一节 优质教育资源概述

优质教育作为相对动态的教育形式，是人类社会永恒的追求。优质教育的实现包括多种途径和方式，但在实现优质教育的过程中，其核心是合理有效地配置教育资源。教育资源配置不科学，即使通过占用大量的教育资源而成为优质教育，也不可能获得可持续发展；即使当下不是优质教育，但教育资源配置得比较科学、有效、合理，事实上通过努力也会变成优质教育。因此，优质教育的关键点在于通过教育资源的优化配置而形成优质教育资源。

一、优质教育的含义

教育活动是人类社会进步、文明进化的根本依托,是促使人正向发展、快速发展、持续发展的根本保障。对现代人而言,接受一定年限的教育活动是人类实现社会化生存,迅速融入社会,实现个性发展的必经之途。然而,不同水平的教育对人和社会发展所产生的意义与效能是截然不同的,教育活动是有品质之分的:优质教育可以让人获得良好的发展,更好地实现人的发展愿望与目的,而劣质的教育则可能阻碍甚至束缚人的发展,与教育活动的初衷相背离。事实上,自20世纪80年代起,世界各国都开始关注优质教育问题。

最早提及"优质教育"概念的是美国里根政府于20世纪80年代在国会中提交的一篇报告,即《卓越教育报告书》。该报告提出了教育的三种原则,被称为3E原则,即追求卓越、提升效益、重视公平。在此基础上,美国的教育家范迪尼也提出了非常著名的教育方程式——"卓越教育=质量+公平+效果+参与"。毫无疑问,这里说的卓越教育就是优质教育的代名词。[①]

在此基础上,优质教育问题引起了人们的普遍关注。2000年联合国教科文组织在塞内加尔首都达喀尔召开了世界全民教育论坛,会议通过了《全民教育行动纲领》。纲领中提出了"向所有人提供受教育的机会是胜利,但如果不能向他们提供保证质量的教育,那不过是一种空洞的胜利"的重要论断,标志着现代教育进入了"以追求质量为特征"的时代,提高教育质量、发展优质教育成为"各国政治领导人的一个根本目标",享受优质教育日益成为各国人民的理想追求。2004年,联合国教科文组织正式提出"优质教育"理念,并号召各国对实现优质教育作出坚定承诺,优质教育一跃而成为国内外共同关注的热点问题。我国2010年颁布《国家中长期教育改革和发展规划纲要(2010—2020年)》,该纲要提出要"提供更加丰富的优质教育"。《中国教育现代化

---

① 朱斌:《优质教育视野下的学校管理》,《中小学管理》2004年第3期。

2035》则明确指出，要创新教育服务业态，建立数字教育资源共建共享机制，完善利益分配机制、知识产权保护制度和新型教育服务监管制度。

何谓优质教育？这其实是一个仁者见仁、智者见智的问题。我们可以找到的界定很多，不妨摘录几例。

优质教育，"一定是能够使学生形成阳光般的心态和健康人格的，是能够提高学生的自尊和自信的，能够使学生内心变得越来越充实和富有力量的"教育。

优质教育是能够"给人渊博的学识、高超的智慧、宽广的胸怀、通达的性情、善良的心地和高贵的教养"的教育。

优质教育是关注"学习者学习品质、生存质量、人生价值"的教育，是追求"高质高效的教育教学"，是"追求学生本位、学习本位、知识本位"的教育。

优质教育的特点是多种多样的，主要有这么几种，即教育质量上乘、办学设施完备、管理科学规范，能够全方位满足学生教育需求。当然，也有一些学者认为，优质教育就是指能够更好地完成当前阶段的教育教学任务，获得家长、学生和社会等各方的认同和肯定，能够将学生的近期发展和长远发展结合起来。

我们可以看出，优质教育是现代教育发展的一种共同的价值取向。这是一种建立在教育品质的基础上，将内涵发展作为教育主题，将终身教育作为基本目标，同时追求教育效果和质量的最大化，旨在提升受教育者的生活和生命质量，以及促进教育和人全面发展的现代化的教育模式。

毫无疑问，优质教育可以最大限度地开发和利用教师、校长、学生等教育参与人员的创新实践精神，促使学校教育水平的大幅度提升，从而为社会输送无数的优秀人才，不仅可以满足学生的成长性需求，也能够促进素质教育的发展。我们或许可以从不同的角度来拆解优质教育，以便对其有一个立体性的了解。从理论方面看，优质教育是一种价值理念，是一种确保受教育者获得更好发展的教育策略；从目标方面看，优质教育是以人为本的，教育要素得到综合优化的高质量、高效率的教育；从结构方面看，优质教育是将传统教学手段和现代信息技术高度结合的整合性的教育；从教学过程看，优质教育是教师、学生、学校管理者共同参与，和谐发展的教育。

不难看出，优质教育的上述界定有一个共同特点即都是从教育理念的解读给出了自己的解释。显然，这些看法与观点都有一定的合理性，但也都有很大的局限性，即都没有将"优质教育"的认识具体到教育环节与教育实践上，难以给"优质教育"一个相对准确的解释与说明。实际上，要理解"优质教育"，首先需要清楚我们思考教育活动的基本维度与认识角度。否则，我们就难以给出相对科学、全面地对"优质教育"的阐释。

优质教育当然是一种教育活动，它与其他类型的教育形态之间没有本质的差异，即都是以促进人与社会发展为使命的育人实践，都是以提升人与社会的发展品质为内容的社会实践。但相对而言，优质教育就是较好地履行了教育使命与目的的一种教育，就是在品质上、效能上、形式上优于一般教育的一种特殊教育形态。进一步来说，我们评价和认识教育主要有三个尺度，即理念、实践、形式。它们共同构成优质教育的三种视角。我们可以从这三个视角出发来认识优质教育。也即是说，优质教育是教育理念先进、实践方式科学、存在形式合理的高级教育形态。一般教育通常以优质教育为基本目标，优质教育在一般教育发展中起着示范、引导和导向的作用。

首先，优质教育是在先进教育理念指引下形成的一种教育形态。优质教育的"优质"首先体现在它教育理念的先进上，体现在它所秉承的教育思维、教育认识的超群上。客观地讲，优质教育所代表的首先是一种先进教育理念，一种思想上先人一等的教育形态，代表着时代教育理念的发展方向，其次才代表着一种先进教育的实践形态。在教育实践中，能够体现社会生产生活发展的要求，体现广大民众共同心声的教育理念总能够赢得更多民众的关注与认可，总是体现着时代赋予教育实践的内在要求。这些教育理念的有无直接决定着一种教育的品质与内涵，决定着这种教育活动能否在社会实践中获得生命力。在当前，人们共同认可的教育理念是：促进人的健康、持续、主动、终身发展，促使人在社会化与个性化、身体与心灵之间获得平衡发展，促使人在社会生活中扮演文明继承者、积极创造者、公共生活维系者的新角色。这些教育理念无疑是衡量一种教育形态是否属于"优质教育"、是否具有"优质"品质的重要依据。也就是说，优质教育代表着一种教育形态对先进教育理念，反映的程度，代表着这种教育形态的理论现代化水平。在先进教育理念主导下的教育形态才可能成为优质教育，先进教育理念构成了优质教育的灵魂与精神，构成了优质教育的内核与主题。

其次，优质教育是在教育实践中富有效能的一种教育形态。教育理念与教育实践之间具有不平衡性：在完美先进教育理念指导下的教育实践不见得就是优质教育，从先进教育理念走向优质教育实践需要一个过程，在这个过程中有许多中介因素的参与和存在。因此，优质教育是在综合利用、灵活驾驭这些中介因素，不断促使先进教育理念向完美教育实践转变的过程中形成的。优质教育是一门实践艺术，只有那些善于经营的教育管理者与教育实践者才可能培育、打造出这种优质教育。如果说优质教育在理念上的"优质"体现为"先进"，那么，它在教育实践中的"优质"则体现为"富有效能"，即它对先进教育理念的实践转化力与现实执行力。先进教育理念主要是教育专家的创造物，教育实践者只有在对其充分把握、理解吃透之后，并借助于一定的教育机构、教育制度、教育组织、教育管理、人事安排、资源组合等才能将其付诸实践。这一过程是复杂的，它需要管理者、实践者灵活应对在创建中面对的一切人、事、物，使之朝着教育理念规划的指定方向发展。在必要时，它其至需要实践者能够顶住来自各方面的社会压力与工作阻力，确保整个教育实践沿着专家期待的轨道前进。

最后，优质教育是在教育形式上相对完备、合理、科学的一种物质化教育形态。教育理念是优质教育的内核，是优质教育具有生命力的原因；教育实践是教育理念的行动化体现，是优质教育向现实转化的重要一环。相对而言，教育形式则是先进教育理论与高效教育实践的复合形式，是最能够体现优质教育思想的现实形态。从形式上看，优质教育是教育组织科学、教育结构合理、人事配置科学、内在凝聚力强、外在示范意义鲜明的一种教育，是对民众最具有吸引力与魅力的一种教育形态。也就是说，先进的教育理念、科学的教育实践在一所学校中的完美体现就是优质教育的形式，是先进理念与科学实践的形式化耦合。优质教育不是一种先进教育理念的代表性符号，不是一种科学教育实践的表达形式，而是在一所学校中鲜活地体现出来的教育形式，是经过一段时间形成的一种教育典范。优质教育不仅仅是一种理念，一种实践，更是生动鲜活、具体可见的教育形式，相对完美的教育形式是优质教育的完整化、具体化的展现。在一般大众心目中，教育机构为社会提供的教育服务是否优劣是非常容易辨认的，无须深刻追究其背后到底使用的是哪种教育理念、哪种管理方式、哪种办学思想，因为普通老百姓根本就不了解这些相对专业的观念与思维。"办学质量高""教学方式好""教学管理规范"等语言是普通民众表达优质教育的一种方式。所以，"优质教育"绝非一种专业性极强的教育语汇，它是沟通专业研究者与普通民众的一座桥梁，是社会公众和专家都具有评价资格的一个教育术语。

可见，优质教育具有教育理念先进、教育实践有效、教育形式完善的三个典型特征。从内在组织来看，优质教育是按照先进教育理念、按照高效教育实践的要求组织起来的，运作有效、形式完善、结构合理是优质教育的典型特征。从外在功能来看，优质教育总是满足了社会实践的发展要求，体现了时代的强烈需要，昭示着未来教育实践的发展方向，并为未来教育的发展发挥引领、示范与预示的功能。优质教育是社会的期待、教育的理念、民众的期盼、师生的目标，它在社会时代发展中最具生命力、创造力与发展力。

二、教育资源的含义

"资源"一词最早多见于经济学领域，乃"资财之源"，即"人类社会财富的源泉"之意。马克思在《资本论》中指出，"劳动和土地是财富形成的两个原始要素"，恩格斯也指出，"劳动和自然界在一起它才是一切财富的源泉,自然界为劳动提供材料,劳动把材料转变为财富"[①]。可见,在马克思和恩格斯的观念中,资源既包括自然要素,又包括人及其劳动的要素。而随着社会的发展,资源这一概念在经济学领域之外的使用开始泛化。人们习惯性地用它来泛指从事某项活动的条件和基础,或者说,就如人们现在习惯于将任何事物都冠以"文化"之名一样,人们也正习惯于将任何事物都称为"资源":人力、物力、财力、时间、空间、信息、制度、文化、理念等。

教育资源是各级各类学校从事教育、教学活动的基础和条件,也是实现教育目的和教育使命的重要保障。《教育大辞典》上的界定为:教育资源也称教育经济条件,其主要有两个方面的含义,一是指教育过程中所占用、使用及消耗的人力、物力和财力资源,即指教育人力资源、物力资源和财力资源的总和;二是指教育的历史经验或有关教育的信息资料。[②]

在诸多关涉教育资源研究的文献中,我们可以发现,它们要么不特意阐明研究对象的具体指向,要么也是在大体上遵循这一关于教育资源的界定的基础上,稍作变换和延伸。如有论者在解读社会教育资源时,就认为它应该包括人、财、物等物质因素,以及保证这些因素发挥作用的政策、制度、环境(物质环境、人文环境)等条件。[③]另有论者则认为,如果照资源的基础含义进行逻辑推理,教育资源就是指开展教育活动所需要的一切基础和条件,并且从内容上看,可分为教育人力资源、教育物力资源、教育财力资源、教育授权资源、教育空间资源、教育制度资源、教育学术资源、教育声誉资源等。[④]

我们可以将教育资源理解为教育活动所必须依赖的所有基础条件,具体可以将它们理解为几种类型的资源,如物力资源、人力资源、财力资源、组织资源和文献资源等。这是一种全新的资源观念。针对这种新型的资源观,科恩

---

① 马克思,恩格斯:《马克思恩格斯选集》第四卷,人民教育出版社,1995年版,第373页。
② 顾明远:《教育大辞典简编本》,上海教育出版社,1999年版,第261页。
③ 高瑞萍:《社会教育资源解读》,《教育理论与实践》2009年第S1期。
④ 谭贞:《国外优质教育资源的引进与模式优化》,《教育与经济》2007年第3期。

(David K. Cohen)、罗登布什(Stephen W. Raudenbush)等[①]在系统研究资源对教学质量影响时认为，这种资源观已经从传统的资金、教师、设备等向着教学实践、组织行为、知识技能等方面转变。这种转变暗示我们，传统上我们认为的资源并不是影响教学质量的最终因素，相对来说使用它们的方式更为重要。故而，教学活动中所形成的文化氛围可以视为最重要的教育资源。

通过以上的辨析，我们可以明白，如今人们对教育资源的理解已经有了很大的变化，更加侧重于精神文化和组织制度等方面。此外，一些研究者也将学生及其家庭的环境也纳入教育资源的范围。不容置疑的是，这种广泛而深入地对教育资源的理解为今后提升教育质量、促进教育发展提供了新的富有启发性的认识模式。这种宽泛的教育资源认知充分展示出教育发展的复杂性，也从另一方面为人们理解和研究教育带来极大的困难。原因主要有两个方面，一是教育制度、学校文化等特色资源本身就有一种复杂晦涩的交叉性；二是资金、学生家境等因素对于不同的受教育主体的影响是不同的，最终令人疑窦丛生。从资本市场的角度来看，财力可以是资源，也可以是资源的原因。但是在教育中，财力更多被理解为资源之因。因为它对教育活动的影响的方式是升级教育资源。

对于学生来说，家庭环境确实可以称为教育资源，并且属于非常重要的教育资源。但这二者中，一个是其他所有教育资源服务的对象，另一个则是超出学校教育控制范围之外的资源样态。所以，当我们从学校教育的角度出发，来谈及发展或建设优质教育资源时，我们实质上既无法说发展财力资源，也无法说发展和建设家庭环境资源，更无法说发展和建设学生资源。并且，对于学校教育来说，上面提及的诸如文化、制度等因素实质上均可以还原到"人"这一核心要素上。因此，我们有必要回到马克思和恩格斯关于资源的界定，将教育资源界定为包括人力、物理环境以及以教材为主体的文本信息三种资源形式的综合体。其中，人

[①] [美]科恩，罗登布什，保尔：《资源、教学与研究》，彭胜来译，陈振华校，《华东师范大学学报》2001年第12期。

力资源的主体乃教师及管理者；物理环境的主体乃校园环境以及各项支持教育教学的设施设备；文本信息资源的主体乃教材、图书资料等。

可以说，教育资源是从事各级各类教育活动的条件和基础，是学校发展的主要前提，也是衡量学校发展水平的主要标准。举办教育事业，除了需要有师资等人力资源，还需要有大量的有形与无形的资源。学校有形的教育资源包括校舍、设备、图书等，无形的教育资源包括教育政策、体制机制、办学理念、校风、学校品牌等。通常，人们把有形资源称为硬件，把无形资源称为软件。

三、优质教育资源的内涵

何谓优质教育资源？目前尚无统一说法。由于重点校、示范校或名校是优质教育资源的富集之所，所以有的人把优质教育资源等同于重点学校、示范性学校或名校。[1]有学者认为："所谓优质教育资源，即品质优良的教育资源。从构成成分上说，大体包括优越的物质资源、优良的课程资源、优秀的精神资源、优异的人力资源、优化的制度资源等；从构成形态上说，可以是物质形态的优良资产资本、设施、设备，也可以是精神形态的优秀思想、文化、风气、传统，还可以是物化形态的优善体制、机制、模式、课程，也可以是复合形态的特色经验、思路、方式、形式、做法。"[2]这种解释虽然直观，且有一定的合理性，但毕竟属于一家之言，还不足以全面解释何为优质教育资源。

我们以为，优质教育资源是对教育教学能起到提升和促进作用的高质量教育资源。"优质"的字面含义，是指"(材质或价值)超出常态的、平均水平之上的事物"，与劣质教育资源有显著差别，与一般(普通)教育资源相比有较多优点。"优质"是一个相对的历史的概念，它将随着时代的发展而变化和丰富。评估教育资源是否"优质"，主要标准(根据)在于它是否有利于学生的培养和学生的成长，是否有利于教育目标的实现。

---

[1] 上官子木：《择校热与优质教育资源的市场化》，《教育科学研究》2003年第9期。
[2] 程敬宝，王伟：《优质教育资源:价值与功效》，《教育研究与实验》2010年第1期。

优质教育资源是教育发展的重要条件。它为整个教育活动提供了更为优质的物质资源保障、人力资源保障和人文精神理念保障。教育活动只有在优质教育资源的保障下,才能产生优质的教育教学成果,提升整个学校教育的质量,更好地促进学生的发展。

关于优质教育资源的分类,目前一些论者接受了谢维和的观点。谢维和将学校优质教育资源分为五大类:第一,学校的文化资源,包括学校的办学理念,学校本身的价值观念,学校教职员工和学生对学校的认同感,学校从所在地区、社区、街道得到的信任和支持;第二,学校的制度资源,包括学校正式的规章制度、学校的非正式制度,以及学校外部的制度资源;第三,学校的物质资源,包括两个方面,一是有些什么样的东西,但并非是说越豪华越好,二是这些物质资源的配置方式;第四,优质的教师资源,包括教师的职业精神和专业能力、教师的研究能力、教师的合作能力与团队精神;第五,学校的特色资源,包括学校的教师风范、校长风范、文化、制度和物质,更包括培养的学生等。[①]这种分类似乎不是很合理,虽然作者的具体阐释是清晰的,但有的概念容易让人产生疑问,因为按照人们通常的理解,文化可以分为精神、制度、物质等诸多类型,所以文化资源与制度资源、物质资源并列不大容易为人接受。有鉴于此,我们将优质教育资源划分为三种:一是优质的人力资源,如教师、学校管理者等;二是优质的环境资源,如物质环境、人文环境、制度环境等;三是优质的教材资源(或教学资源),如优质的教科书、校本课程,优质的教学模式和教学方法等。

四、优质教育资源的特征

优质教育资源既具有教育资源的共性,也具有优质教育资源的特殊性。优质教育资源是能够对教育教学起到促进和提升的高质量教育资源,是一种特殊的教育资源,具有稀缺性、不均衡性、溢出性以及形成的长期性等特征。

---

① 谢维和:《论优质教育资源的涵义与建设》,《人民教育》2002年第11期。

（一）优质教育资源的稀缺性

稀缺性是优质教育资源的一个非常重要的特征。"稀缺并不意味着某些东西的数量少或只有几件东西，它应该包括另外一层意思，最起码不能认为它表明的只是一种吝啬或自然界的不慷慨。稀缺的意思是欲望及其可行性之间的关系。"[①]也就是说，相对于人类的需求而言，资源总是稀缺的。同样，优质教育资源的数量相对于人们的需求而言也总是稀缺的。优质教育资源的稀缺性有两层含义：一是指优质教育资源本身是稀缺的，如优质学校的数量不能满足民众子女上学接受教育的需要等；二是指使优质教育得以进行的其他资源的稀缺，主要表现为教育经费的不足、优秀师资的短缺、硬件设备的匮乏，以及相应的保证教育教学活动高效运行的制度安排的缺失等。优质教育资源的稀缺性使得围绕获取各种教育资源而展开的各种竞争不可避免，甚至会产生各种矛盾和冲突。正因如此，如何合理地配置教育资源尤其是优质资源成为当前急需解决的问题。

（二）优质教育资源的不均衡性

由于资源具有稀缺性，使得在资源配置过程中具有一定的政策导向性和倾向性，不可能做到绝对公正、公平；再加之受到不同地区经济社会发展程度的影响与制约，导致优质教育资源呈现出不均衡的分布状态。优质教育资源分布的不均衡在我国目前主要表现在三个方面，即东中西部之间的地区不均衡、城市和农村之间的地区不均衡、同一地区之间的校际不均衡。具体来说，就是优质教育资源主要集中于东部、集中于城市、集中于重点学校。要促进教育的均衡发展，就必须改变这种优质教育资源分布不均衡的状态。当然，从长远来看，不均衡是绝对的，均衡则是相对的。

---

① [美]C.E.林德布鲁姆：《市场体制的秘密》，耿修林译，江苏人民出版社，2002年版，第29页。

(三)优质教育资源的溢出性

优质教育资源的溢出性是指优质教育资源不仅会在其内部发挥作用,还会对其周围产生影响。在现代经济学理论体系中,优质教育资源的这种效应被称为外在效应或溢出效应,主要是指一个经济主体的活动对旁观者福利的影响,这种影响并不是在有关各方以价格为基础的交换中发生的,因此其影响是外在的:如果给旁观者带来的是福利增加(收益),则可称之为"正外部性";反之,如果给旁观者带来的是福利损失(成本),可称之为"负外部性"。显然,优质教育资源是一种具有明显的带有"正外部性"的事物,投入其中的各种人力、物力以及财力资源带来的是学生素质的提高,并对其他非优质教育资源(如其他学校)具有一种示范、带动效应,使其以优质教育资源(如优质学校)作为自己努力与前进的方向。也正是优质教育资源具有这种溢出效应,使得"搭便车"现象(如与房地产结合)时有发生,导致教育投资收益错位的发生。

(四)优质教育资源形成的长期性

社会资源具有生成性,不同的社会资源其生成的时间长短、过程繁简也不尽相同。优质教育资源生成的长期性是因为:教育资源从产生走向优质首先是一个创造的过程,其次是优化的过程,再则是接受检验评价从而最后成为优质的过程。毋庸置疑,优质教育资源的产生是一个由量变到质变的缓慢过程。[①]一所学校要想成为一所优质学校,必须要经历较长的过程。在这一过程中,在保证必要的人力、物力以及财力投入的情况下,学校必须持之以恒,在坚持中发展,在发展中壮大。为了便于坚持,必须以相应的规章制度作为保障,以制度的形式明确学校的方向。否则,朝令夕改,既找不准学校的发展方向,也不易形成优质教育资源。

---

① 何雪峰:《试析优质教育资源的特征》,《基础教育研究》2010年第2A期。

五、优质教育资源的重要意义

随着人民物质生活水平的不断提高和精神生活的日益丰富，我国教育发展在基本实现了"有学上"的阶段性目标之后，"上好学"已然成为当前我国教育事业发展面临的主要问题。因此，大力发展优质教育，合理配置优质教育资源，加大薄弱学校的改造力度，缓解优质教育资源严重不足所带来的诸多教育矛盾和问题，是我国教育事业发展的迫切任务。发展优质教育资源是实现教育公平、提高教育质量、满足人民需求、统筹城乡教育发展、践行平等受教育权的根本制度保障。

（一）有利于实现教育公平

首先，优质教育资源的发展首先有利于各个学校得到公平发展。由于条件所限，优质教育资源的短缺，一些学校的师资队伍和管理人才、硬件设施与教学环境都不及发达地区优质学校，因此也无法取得好的"教学成果"（如比较高的升学率、竞赛获奖率），难以在社会上产生比较好的影响，成为薄弱校。因此，只有优质教育资源的发展，才可能有薄弱校的建设，假以时日，这些薄弱校必将在优质教师和管理者手中扭转局面，改变命运，创造好的教学成绩，塑造好的学校形象，获得与发达地区优质学校同等的地位。

其次，优质教育资源的发展有利于学校师生得到更好的待遇。对于学生来说，优质教育资源的发展无疑可以使更多的适龄儿童和青少年得到更多的优质教育机会，特别是那些经济落后地区资源薄弱校的学生因此将能够得到更好的受教育机会，甚至享受到发达地区优质学校同样的优质资源，保障各地各校适龄儿童和青少年大致相同的受教育年限和教育质量，真正兑现我国宪法规定的"每个适龄儿童享受同等的受教育的权利"，实现机会均等。对于教师而言，优质教育资源的发展，优质学校的建设，优良教学成绩的获得，必将大大提高教师的成就感和社会声誉，教师的物质待遇也可能得到相应的提高。可以说，优质教育资源的发展是教师公平地位和公平待遇的必要保障。

最后，优质教育资源的发展有利于实现教育平等与教育效率和谐统一的教育公平。优质教育资源的发展不仅要使每个人享有接受教育的权利，还要使每个人在教育过程中得到最恰当的教育。如果教育资源的发展一味地追求教育平等，忽视对教育效率的考量，也是不公平的。所谓优质教育资源的发展既要消除教育的不平等，同时也要追求教育的高效率，其实质是一种"卓越教育"，实现对每一个学生的高质量教育。因此，优质教育资源的发展既要考虑教育平等，也要考虑教育效率，而其在相互促进、和谐统一中是要付出一定代价的，我们的目标是以较小的代价换取最大化的效果。只有这样，才能真正实现优质教育资源的发展，而且，教育平等与效率相互促进的优质教育资源的发展是人的教育权利，教育需要与人的知识、能力等相结合的发展，不是以某种单一标准考量的片面的优质教育发展。

（二）有利于全面提高教育质量

《中国教育现代化 2035》明确指出，要发展中国特色世界先进水平的优质教育，完善教育质量标准体系，制定覆盖全学段、体现世界先进水平、符合不同层次类型教育特点的教育质量标准，明确学生发展核心素养要求。完善学前教育保教质量标准。建立健全中小学各学科学业质量标准和体质健康标准。健全职业教育人才培养质量标准，制定紧跟时代发展的多样化高等教育人才培养质量标准。大力推进校园文化建设。重视家庭教育和社会教育。构建教育质量评估监测机制，建立更加科学公正的考试评价制度，建立全过程、全方位人才培养质量反馈监控体系。

显然，优质教育资源的发展是推进素质教育的一个关键路径，只有在优质的状态下才有可能实现人的全面发展，才能真正地提高教育教学质量，即教育的发展必须走内涵式发展道路。简单地讲，内涵式发展是相对于外延式发展而言的，所谓外延式发展是指通过增设新学校、扩大招生规模、扩大学校面积等措施来扩大教育总体规模的发展模式；内涵式发展则是指通过挖掘现有学校的潜力，优化教育结构，提高学校内部效率和质量来推动教育发展的模式。而优质教育内涵式发展是全面、协调、可持续发展，是以提高教育质量和办学效益为基本目标，以培育和提高核心竞争力为重心，以合理配置内部资源、科学整合内部要素为前进发展动力的自我发展，是有效促进学校定位科学、特色鲜明，以及规模、结构、质量、效益有机统一的协调发展。在优质教育资源合理配置过程中，我们应走内涵式发展道路，把质量提升放到首位，在质量优先的基础上，适度重视规模效益。

事实上，学校教育质量的高低在较大程度上取决于学校的师资力量、管理水平，取决于学校的硬件设施和设备。资源薄弱校往往也是教学质量较差的学校。要提高一所学校或一个地区的教育质量，就必须发展优质教育资源。发展优质教育资源是提高教育质量的必要前提。

（三）有利于满足人民群众的需求

众所周知，教育是个人获得发展和实现自我目标的重要途径，是每个人可以不受年龄、性别、财产状况、家庭背景、宗教信仰等影响，平等享有的机会和途径。同时，教育也是一个人改变自己的处境，获得晋升机会的可能途径。自近代以来，随着社会教育权、家庭教育权向国家教育权的转型，国家开始全面干预和控制教育，教育的公共性得到了充分的体现，教育不再是利益集团或者某些人的特权，能够接受教育也不再是一种身份的象征，而是公民能够平等地享有的一种社会活动。教育公共性本质特征在实践中的具体表现就是人们开始普遍重视子女的教育问题，把教育视为改变命运、提高生活品质的基本手段。尤其是随着独生子女家庭的增多，人们生活水平的提高，以及家庭住房的改善，子女的教育问题就成了人民群众关心的最大问题。希望子女能进优质学校，获得优质教育资源，已经成为一种普遍的社会心理。很多人把孩子能否接受优质教育与其前途和家庭的命运联系起来。然而由于种种原因，各地的优质教育资源远远满足不了广大人民群众这种日益增长的教育需求。因此，大力发展优质教育资源，扩大优质教育资源的供给，是满足人民群众需求的根本出路。

(四)有利于统筹城乡教育

在我国,受城乡二元结构的影响,城乡间的教育存在着明显的差距。近年来,国家通过政策引领与调控,在缩小教育差距政策的指引下,农村教育的面貌发生了重大变化。但城乡间的教育鸿沟并没有得到彻底的改观,乡村教育的优质资源极为贫乏。引起城乡教育发展失衡的原因有许多,但主要是自然条件和经济发展原因,尤其是受城乡二元社会结构的影响而造成城乡二元的教育格局。优质教育发展的根本是经济发展,最有效的措施是国家统筹城乡教育发展,树立城乡一体化教育发展理念,打破城乡教育壁垒,消除人们对农村教育认识上的偏差。实现城乡教育的优质发展既要从不同区域的利益来考虑,更要从国家的整体和长远发展来衡量,必须坚持价值理性与工具理性相结合的原则,坚持人文精神与科学精神相结合的原则,不仅要坚持互利,也要坚持共利,要更多地关照西部教育的发展。坚持西部农村教育优质资源的发展,也要求各级政府合理配置教育资源,缩小学校之间的办学差距,加强对薄弱学校的改造,建立健全群众认可的优质教育发展的监测评估机制,这些都有利于城乡教育的统筹。

(五)有利于保障公民受教育权

21世纪是一个走向权利的时代,是一个高度法制化的时代。对个人来说,教育是人在社会上立身处世、发展自身的资本;而对国家来说,教育作为一项基础事业,可以增强国家的国力,促进国家的经济、社会、文化的发展。因此,教育就本质上来说是人之为人的基本权利。《中国教育现代化 2035》规定,要推动各级教育高水平高质量普及。以农村为重点提升学前教育普及水平,建立更为完善的学前教育管理体制、办园体制和投入体制,大力发展公办园,加快发展普惠性民办幼儿园。提升义务教育巩固水平,健全控辍保学工作责任体系。提升高中阶段教育普及水平,推进中等职业教育和普通高中教育协调发展,鼓励普通高中多样化有特色发展。振兴中西部地区高等教育。提升民族教育发展水平。同时,要实现基本公共教育服务均等化。提升义务教育均等化水平，建立学校标准化建设长效机制，推进城乡义务教育均衡发展。在实现县域内义务教育基本均衡基础上，进一步推进优质均衡。推进随迁子女入学待遇同城化，有序扩大城镇学位供给。完善流动人口子女异地升学考试制度。实现困难群体帮扶精准化，健全家庭经济困难学生资助体系，推进教育精准脱贫。办好特殊教育，推进适龄残疾儿童少年教育全覆盖，全面推进融合教育，促进医教结合。

显然，只有深处权利本位时代，我们才能迫切地感受到优质教育的必要性和重要性。而优质教育资源的发展则是通过优化区域间、城乡间、学校间、群体间的资源配置，实现公民尤其是弱势群体平等的受教育权利的重要保障。

第二节　高校优质教育资源的特性与构成

一、高校教育资源的特性

高校的教育，既要掌握外部信息来制订学校教育发展、人才培养和校园稳定规划，又要掌握高校内部信息，以便能够正常开展高校的日常教学和科学研究工作，维持好学生生活各方面的秩序。高校教育资源是指确保高校教学、科研等活动有效运行而使用和消耗的人力资源、财力资源及物力资源。其中，高校人力资源主要指高校的教职工和高校学生；高校财力资源一般以货币化的形式表现，主要包括高校的固定资产等资源；高校的无形资产是高校教育理念的体现，主要涉及高校品牌建设、高校校风和学风建设以及高校特色教育建设。随着社会不断进步，人们观念不断更新，高校无形资源也逐渐受到重视，我们要对高校的无形资源进行有效保护和充分利用。对于高校教育来讲，无论是物化资源还是非物化资源都是非常重要的，缺一不可。时间在高校中也作为一种资源形式存在，主要有两个特性：一是瞬间性；二是不可再生性。在高校的发展过程中，需要抓住时间机遇快速发展。纵观高等教育发展历史，高校教育资源具有以下几个方面的特性。

(一)高校教育资源的稀缺性

纵观高等教育发展史，高等教育资源都是不足的，与其他资源一样具有稀缺性。但是，在不同历史时期、不同经济体制的国家，不同类型的高校间高等教育资源的稀缺程度各不相同。如精英教育阶段教育资源的稀缺性没有大众化教育阶段明显，发达国家高等教育资源的稀缺性没有发展中国家突出，重点高校、知名学府教育资源的稀缺程度要比一般院校要低。

这些问题产生的原因与教育资源数量多少、质量高低、社会生产力发展水平等因素密切相关。现今，为了能够保证高校的正常教学和科研，保证教育人才的有效供给，世界上许多国家的政府都制定了相关政策，如政府加大高等教育经费投入、不断进行高校体制改革、拓宽筹集资金渠道等，以此吸引更多人才。但是，高校的教育资源是有限的，它是一种稀缺资源，这种状况并不能在短时间内发生较大的改变。所以，有效配置高校教育资源，提高高校教育资源的利用率，是当今各高校急需解决的重要问题。

(二)高校教育资源的变动性

从高等学校的发展历史可以看出，高校教育资源具有变动性。三流的资源在未来也有可能成为一流的资源。无论是教育资源的数量，还是质量，都是一个动态的过程。

中世纪高校在许多方面都不同于现代高校，供学生利用的物质设施与现代高校无法相比，入学要求也没有现代高校严格，学生不仅人数少，而且辍学率还极高。中世纪的高校教学场所也不固定，没有图书馆和实验室，甚至没有教室，教师给学生上课的地点一般是家里或教堂，有时甚至会在街道边[①]。但是，中世纪高校也有一定的先进性，高校间的学习交流密切，学生可以根据自身学

---

① 贺国庆，等:《外国高等教育史》，人民教育出版社，2003年版。

习需求自由就读，现代高校中的交换生制度在一定程度上借鉴了中世纪高校的学习方式。

随着19世纪初德国的洪堡对柏林高校的成功改革，以及美国南北战争后赠地学院、研究型高校、初级学院的相继出现，高等教育结构与高校职能发生了很大变化。高校成立早期，其主要职能是传授知识，培养统治阶级需要的人才。而现代高校的职能主要分为两种，一种是以教书育人为主的知识传授职能，另一种是以科研为主的知识创造职能。随着高校职能的变化，高校的资源构成也逐渐发生了变化。

就人力资源而言，以往高校的人力资源一般用于教学，而现在高校的人力资源涉及面较广，包括教学、科研、管理和服务等各个方面。世界上最早的高等教育资源也是以人力资源为主，到了现代知识经济时代，社会经济发展对人力资本的依赖性依然占主导地位，故而更加急需高素质创新型人才。于是，人力资本就越来越受到社会重视。就高校而言，人力资源在教育资源中的地位明显提升导致高校的教师资源成为现代高校教育资源的核心。高校教师担负着培养未来人才的使命，决定着社会人力资本的存量。同时，高校教师的劳动具有智能性和创造性，因此，高校人力资本的高智能要素占有绝对大的比重。

高校人力资源的变化导致了高校的物质资源构成要素也在不断地发生变化，比如固定资产，如今高校的固定资产不仅包括专门的教室、图书馆和实验室，还包括专业的先进仪器设备等。同时，高校的经费主要来源于政府的拨款和社会捐赠。近年来，随着经济社会和高等教育的发展，高校的品牌、声誉、校风、学术氛围等无形资源逐渐成为高校的一种教育资源，开始被人们所认识与利用。

从上面的分析可以看出，高校教育资源的变化与社会经济的发展密切相关，与高等教育的发展也紧密相联。高校教育资源要素随着社会的发展不断增加，其要素构成也日益复杂。

(三)高校教育资源的流动性与共享性

高校教育资源不仅具有变动性,而且具有流动性。随着知识经济社会的到来,网络信息技术的飞速发展,社会与高校关系的日益密切,校际和国际的合作不断加强,知识国界不断被打破,高校教育资源的流动性更为明显。不仅知识与人才资源可以流动,而且一些物力资源(如实验室、图书资料等)也可以互用,一些财力资源(如科研经费、科研成果等)也可以共享。如今,人才流动和自主择业已经成为当前社会的发展趋势,资源共享也成为世界发展的潮流,经济利益、社会地位以及生存环境都驱动着人才的流动。人们都会向往更好的生活,向往更好的工作环境,向往更好的发展机会。在市场经济条件下,高校的教师会利用自己人力资本的储备优势,为自己的流动增加筹码。因此,人力资源具有较大的流动性。当然,人力资源具有流动性的同时,也具有一定的共享性,即人的知识、技能可以被多家单位重复使用和所有。由此,出现了"柔性"引进政策,对人才不求所有,但求所用,这是专门针对人才资源利用而创新的一种制度。

(四)高校教育资源具有可再生性与不可再生性

高校教育资源是一种综合性资源,既有可再生性资源(如高校人才资源),又有不可再生性资源(如时间等)。在一定程度上,高校的人才资源属于可再生并且具有时效性的资源,其可再生性体现在人才资源可以不断地更替;其资源的时效性则体现在高校人才储备如果不及时加以利用,后期在使用过程中也会因为知识的老化和人才劳力的老化而逐步消耗。因此,高校的人力资源需要进行一定的维护,并时刻补充被消耗的人才资源。加强高校教师培训也是高校人才资源可再生性特征的一种体现。

现代信息和技术更新速度非常快,作为高校的人力资源,只能通过不断地学习来保持自身人力资本的保值和增值。例如,高校教师在学术上的造诣或突破只能说明他前期的人力资本积累较好,然而如果他缺乏与时俱进的学习态度,不去跟踪学科前沿和实现个人创新,那么他的个人人力资本的价值将随着时间的推移而不断下降。时间是一种不可再生资源,人的生命有限,因而对高校人力资本的贡献也是有限的。因此，我们认为高校的人力资源是一种不可再生的资源，其具有不可再生性。例如，高校中某一个管理决策的失误，可能会导致这所高校的发展停滞，相对于社会的发展，这种停滞便是倒退，意味着高校的人力资源将被浪费，也会不断地造成时间资源的浪费。因此，在当今社会飞速发展、教育经费紧缺的情况下，高校必须利用好这些资源，一旦失去，将永不再生。

二、高校教育资源的构成要素

学校作为社会的一个职能部门，起着教书育人的作用，发挥着其重要性。学校教育又分为不同层次、阶段、类别。随着经济的快速发展，社会对人才的需求越来越大，而高校为孕育不同类型的人才起到了更加深远的推动作用。要想有好的高校教育，就需要有较高的教学质量，而教学质量又往往受到许多因素的影响。教育资源能最直接地影响教学质量。

教育资源，即人类从事教育事业、谋求教育发展的基础。高校教育资源是依据办学层次来和基础教育资源相区分的一种教育资源，是进行高等教育活动、谋求高等教育发展的基础。它有着数量大、层次高、数目多的特点，有着更高的专业性。依据不同资源在高校教育活动中的功能及作用，可以将高校教育资源分为有形资源和无形资源。

（一）高校教育资源中的有形资源

有形资源指的是客观存在的有形物体，一般为高校发展的硬件设施和配置，一般分为人力资源、物力资源、财力资源三个部分。提高这些有形资源的质量可以为提高教学质量提供坚定可靠的保障。

1. 人力资源

高校的人力资源一般是指高校投入教育工作中的教学人员、科研人员、行政管理人员和后勤工作人员等。高校人力资源决定一所高校的好坏。从广义上讲，高校人力资源还包括学生，因为高等学校服务的对象是有主观能动性的人——学生。学生的先天素质、学习动机、努力程度和入学条件等因素直接影响教育活动的效率。但由于学生一般处于消费者的位置，所以在研究高校人力资源的配置时一般没有考虑学生资源。高校教学人员和科研人员是高校人力资源的中坚力量，他们的整体水平代表了高校教学科研的水平。同时，高校人力资源中还包括管理人员和教辅人员，他们也是高校人力资源中不可或缺的组成部分。高校人力资源属于智力密集型资源。

2. 财力资源

高校的财力资源是指高校中以货币形式存在的高校教育资源，主要是资金资源，包括国家教育经费和社会、私人或团体捐赠的资金，也有一部分是学生交的学费。当然，一般高校的财力资源仍以国家教育经费为主。高校的财力资源主要用途是支持高校正常活动和发展，其主要以个人消费和公用消费两个方面为主。其中，个人消费包括高校教师、科研人员、管理行政人员等的工资、福利、奖金等，还包括学生的奖学金、助学金等；公用消费包括设备购置、校园建设、公务费、出差补助等方面的费用。

3. 物力资源

高校的物力资源是指以实物形式存在的高校资源，主要包括学校的土地、建筑、实验设备、图书资料等物资资源。高校的物力资源可以分为固定资产和低值易耗物品两大类。高校的固定资产一般是高校物力资源的主要组成部分，是高校在较长的时间内都会使用的所有物质资料的总和。按照国内现行会计制度的规定，固定资产是指使用期限在一年以上，在使用过程中保持原有的物质形态，且单位价值在单位规定限额以上的物资资源。高校规定，一般设备单位价值在500元以上、专用设备单位价值在800元以上的为固定资产。对于高校而言，单位价值没有达到标准，但耐用时间大于一年的物资资源，如图书资料等也被称作高校固定资产。另一类低值易耗物品也属于高校物力资源，包括实验用品、各类材料、低值实验仪表等。

4. 学科与专业资源

学科与专业资源是高等教育资源的重要组成部分，也是高校教育资源的特色所在。一个高校的学科水平和结构、专业水平和结构是一个高校的主体和特色，是其他物力、财力等资源所不可替代的，也是其他各个资源要素的统率要素。其他资源只有在学科与专业资源的基础上才能发挥作用。

如果一个高校的学科与专业水平低下，则会造成人力、财力、物力的浪费。因为高校的学科和专业优势并不是人力、财力、物力资源所能积累起来的，它是靠高校在长期的办学实践中逐步积累形成的。而在一定条件下，高校的学科与专业优势也可以转化成物力资源，即高校的学科与专业优势越强，该高校其他资源优势也将会越强。

（二）高校教育资源中的无形资源

无形资源则是指原本无形但最终能实现物化的，或者能够让原资源增值的资源，如学科与专业、信息、市场、声望等。无形资源的配置一般要以有形资源为载体。

1. 信息资源

信息资源是高校资源的基本资源之一，属于知识或智力资源，主要包括新知识、新思想、新概念、新文化、新技术等。随着信息产业（第四产业）的兴起，人类将进入高度信息化时代，信息资源在高校诸多资源要素中的地位也日益重要。高校作为社会信息开发、加工、服务、固化的重要"基地"，其在未来信息化社会中扮演着越来越重要的角色。高校通过教育，能够将有用的信息固化到受教育者身上，使其成为社会有用之才。这些都需要强大的信息资源储备，而这些信息资源储备，就是高校的信息资源。

2. 市场资源

市场资源也是高校教育资源的构成要素之一。随着经济社会的发展，高校已经由原来单纯的人才培养模式发展成了产、学、研相结合的特殊办学模式。

高校现在的职能包括人才培养、科学研究、服务社会和文化传承创新，这四项职能也构成了现代高校教育的基本格局。高校的人才培养主要面对的是高校的生源市场和毕业生市场。就生源市场而言，学生选择进入高校学习深造属于个人投资行为；而毕业生市场，是满足社会对人才的需要。当然，所谓的高校市场资源不仅仅只包括高校的生源市场和毕业生市场，还包括高校科研产品的技术市场和产品市场。技术市场即高校研发出来的技术产品的营销场所和领域，产品市场即高校出售其科研产品的场所。

3. 声望资源

高校的声望资源是高校的无形资产，也是高校教育资源的组成要素之一，表现在高校的知名度上，即人们通过各种途径来认识了解高校的信息、办学质量等方面，从而进行选择。一所知名的高校往往有着优秀的教学资源，如师资力量雄厚、实验设备先进、培养出来的人才多等。

三、发挥高校教育资源的优势

高校的发展离不开教育资源的推动，只有正确发挥高校资源的优势，才能从各个角度和方面促进高校全面发展。若不能同时兼顾有形教育资源和无形教育资源，导致不平衡或者疏忽了某一资源的发展，对整个高校的发展都会产生影响。因此，必须重视教育资源的全面发展。

（一）优化人员结构，培养素质人才

高校的教研人员作为知识的主力输出军，其自身综合素质必须过硬，这样才能更好地教授知识、提高教学质量。

在高校人力资源的结构配置过程中，需要合理优化教学、科研、管理和教辅这四部分人力资源的比例，不能让比例失调。关于人力资源的结构，涉及学历结构、智力结构、年龄结构等方面，高校应该严格招聘挑选入职人员，提高标准。不但要考察教研人员的教学、科研水平，还要考验人员的综合素质是否

合格、思想道德修养是否达标，从而为以后的教学活动提供坚定的保障，促进教学长远发展。

同时，为能有效开展高校正常的教学科研工作、保证人才的培养，高校需及时维护修理本校的各类实验用品和材料，避免不必要的损害，提高物力资源的使用效率，减少浪费。

有了专业、高素质的教研团队，便为培养先进人才提供了保障。高校应当重视加强科研、管理人员等的归属感、对学校的认同感，因此，高校应不断完善工资福利系统，给优秀教师、科研人员等可靠的保障，提升他们的归属感，使之能安心在学校工作，为学校教育积极做贡献。学费方面，由于许多公立大学学费都有政府财政补贴，也开通了可靠的贷款途径，对于许多学生来说上学的学费已经不是问题，但是仍有一部分家庭困难的学生难以承担学费。高校应完善贫困生、家境有难的学生的资助系统，积极与政府沟通达成共识、获得补贴。

（二）深化知识储备，加强学科建设

学校是人学习、发展自我的地方，人们选择学校往往都会注重学校的综合实力，即看一所学校的专业学科实力是否过硬、水平能否达到令人满意的程度。

高校应该不断丰富信息资源储备，时常更新、与时俱进，提高信息的实用性，从而提高信息的质量。不应只局限于单一的学习型信息，高校还应将丰富、有用的信息有效固化到受教育者身上，丰富其知识储备，提高其综合素质，促进其各方面全面发展，从而成为思想、身心全方位发展的新时代人才。

高校应加强自身的学科建设，不断深化研究、持续发展。如果高校有较强的学科与专业优势，能够在一定程度上吸纳其他资源要素，并发挥作用，如吸引人才的到来。同时，高校学科与专业需要一个合理的结构，即要优化学科与专业结构，以适应专业方向对当前社会发展、科学技术发展方向和满足市场的需要，构建刚性和稳定的专业与学科结构，并使其具有较强的弹性和适应性。这种弹性和适应性能够较好地适应科学技术的发展和社会经济的建设，能够顺应社会、经济、文化、市场的需求变化。

(三)提高学校声望,适应社会需要

高校若想吸引人才、促进自身发展,还应试图提高自身的知名度。因此,高校需要通过加强自身建设、增强综合实力来提升自身的知名度。知名度高的高校在一定程度上也更能够吸引其他更多的资源,形成资源优势。可通过多种途径宣传自我,也可以通过优秀师资力量、优秀学生代表来潜移默化地为大众树立宣传良好形象。

现如今随着时代发展,社会对不同类型、不同领域的人才需求量也非常大,因此高校应该根据社会的需要来培养不同的人才,来满足社会市场对人才的需求。

第三节 高校教育资源配置的发展历史与现状

一、我国高校教育资源配置的历史沿革

1949年以来,我国高校教育资源配置状况在总体上呈现出两个明显不同的发展阶段。从高等教育系统内部的调整、改革方面来看,可将高校教育资源配置状况划分为20世纪50年代的院系大调整和20世纪末的高等教育管理体制改革两个不同的阶段;从高等教育所处的社会经济环境的变化方面来看,可将高校教育资源配置状况划分为计划经济取向和市场经济取向两个阶段。

(一)高等教育系统内部教育资源配置的调整

1.20世纪50年代的院系大调整

1)院系大调整与高校教育资源的重新配置

20世纪50年代初,我国采取以经济高速粗放型增长为目标的经济发展战略,将工业的发展作为经济发展的重点。在这个大背景下,我国高等教育主要以培养并增加专门人才的数量为主。那时,我国的高等教育规模较小,就1949

年而言，当时全国有 205 所高校，学生总数约为 11.6 万人，教职工约为 4.6 万人，其中专任教师仅约 1.6 万人。当时全国高校中有 60.5%的高校为公立学校，其他为私立学校和教会学校，分别占学校总数的 29.8%和 9.7%。高校规模普遍不大，规模 500 人以下的高校占了学校总数的一半，1 000 人以下的高校占了总数的 3/4 以上。同时，高校的地理分布不合理，学校学科庞杂，高校层次比例不协调等。因此，当时的高校面临改革，且改革的目的非常明确，就是进行高等教育调整，使高等教育的供给满足经济、社会发展的需求，尤其是工业化对专门人才的需求。

1957 年经过高校调整后，国内高等教育学校达到了 229 所，且绝大多数高校都有不同程度的扩大，全国高等教育逐步进入发展阶段，全国高等教育生师比 1949 年增加了 3 倍，全国高校专业数量达到 323 种，较 1949 年增加了 30%以上。尤其是工科类专业等得到了很大的加强，新建了一批以往没有的工科专业。这些专业的设置方向比较明确，如机械、电机、土木、化工等专业，并且国家明确规定了各院系的任务、分工和发展方向，全国工科学生的比重较 1949 年的 26%增加了 11%，达到了 37%。同时，国家为适应今后教育发展的需要也适当加强了师范类高校的建设，与 1949 年的 10.3%相比，全国师范类学生增加了 15.7%，达到了 26%。

20 世纪 50 年代全国高校的调整配置，对高校人力、物力、财力资源进行了统一配置，使当时有限的师资、设备、校舍等办学条件得到了较好的利用。众所周知，1949 年以前，高等学校自发性比较强，政府统筹很少，导致设置分散，大多数高校规模很小，专业布点重复，每个专业点的规模效益都很差。因此，20 世纪 50 年代全国高校的调整配置基本解决了这个问题，全国高校初步进入统筹阶段。

2)通过院系调整重新配置高校教育资源的特点

第一，调整的目标。20 世纪 50 年代的院系大调整的目标在于重建全国高等教育体系，使高等教育供给与社会主义经济建设需求相适应。那次大调整的目标和方向都很明确，就大调整的目标而言，主要是为了配合国家的经济建设计划，集中全国分散的高校资源，保证工业化发展需要的专业人才的供给，适当地加大高校师资投入。

第二，调整的方式。20 世纪 50 年代的院系大调整以中央政府命令的方式下达，提出了明确的调整计划方案和调整时间表。大调整是从全国范围来考虑问题的，而建立全国高等教育体系是要解决全国性和体制性的问题，因此，那样的大调整必须依靠中央的力量来完成。大调整的时间仅限于 3 个月，是一种政府主导下的快速整合方式。

第三，资源配置的取向。那次大调整盲目照搬了苏联的专业、院校设置模式，将不可多得的高等教育的各种优质资源用于加强工业院校、专业，最终导致独立学院设置过多，很多专业面过窄，仅仅只针对了工业部分的需求，最终导致这些毕业生的知识面不宽、毕业后适应能力不强。大调整忽视了以往高校人文学科建设的丰富经验，忽视了我国传统文化，将文法、财经类学科减少了很多，影响了国内人文人才的培养。虽然在调整中也提出了建设综合型高校的目标，但是综合型高校的建设资源在一定程度上都分给了各类单科院校，在此后的很长一段时间里，都没有出现一所师资力量雄厚的综合型高校，更别说建设出一所世界一流高校。

2. 20 世纪末的高等教育管理体制改革

1) 高等教育管理体制改革与高校教育资源重组

20 世纪末，由于历史原因，国内高等教育形成了条块分割的现象，高等教育需要进行管理体制的改革，为理顺我国教育体制，国内高校进行了资源重组。重组后的高校扩大了办学规模。1994 年，全国高等教育体制改革座谈会提出了共建、合并、合作等五种形式的管理体制改革，主要采取了五大改革模式。[①]

第一，共建模式。即中央部委和地方政府共同建设部委所属院校。这是 20 世纪末高等教育管理体制改革的一种主要方式。这种模式是在高校原有隶属关

---

① 陈敬良，等：《高等教育成本管理理论》，上海科技教育出版社，2001 年版。

系不变的情况下，由地方政府以不同的形式来增加学校的收入，地方政府主要负责学校的统筹和管理。在这种模式下，高校将逐步形成自主办学、自我约束的机制，政府只需进行宏观管理。到了 1997 年底，国内已有 100 所共建高校，其中，地方所属高校 15 所。1998 年有 91 所普通高校实行中央与地方共建的模式，其中，81 所以地方管理为主，10 所为教育部直属高校，实行重大事项由教育部负责，日常工作由地方政府负责的管理制度。21 世纪初国内高等教育改革基本完成。

第二，合并模式。即为了提高教育质量和办学效益，将两所或两所以上的学校进行合并，以实现学科优势互补和规模效益。合并方式从学校层次上看，主要可以分为三类：第一类为较弱的学校与水平较高的学校合并或将前者并入后者；第二类为水平相近的学校合并；第三类为专科学校之间的合并。合并方式从学校学科上看，主要可以分为两类：一是不同类型的高校合并，可称为互补性合并；二是学科、专业相同或相近的高校合并，可称为同类项合并。合并模式的优点在于不仅能直接提高办学的规模效益，也有利于调整学科的专业结构，提高教育质量。

第三，划转模式。即学校的隶属关系和管理权限全部由中央部委划转给地方政府，是一种中央部委所属院校转由地方政府管理的模式，也是我国高等教育体制改革的长远目标之一。这种模式设计实行中央与地方共建或划转地方管理，涉及全国 200 多所普通高等院校，并涉及国家经贸委等 9 个部委、五大军工总公司和 49 个国务院所属单位或部门。

第四，合作模式。即通过协议将两所地理位置相近的高校以各自独立法人的身份，将学校的教学、科研等双方或多方均有意愿的多个方面进行合作，以达到优势互补、资源共享和共同发展的目的。高校在"自愿结合、平等协商、互惠互利"的原则下，既能提高高校的办学质量，又不涉及隶属关系，且简单可行。截至 2002 年，全国总计有 317 所高校开展了校际合作，形成了 227 个合作办学体。

第五，协作模式。即高校为补充不足的办学经费，允许社会参与投资和管理的模式。这是在市场经济条件下，为更快地将科技成果转化成生产力，培养经济、社会发展所需要的专门高级人才的校企合作模式。这种模式有两种形式，一种形式是规模小的专科学校和专业单一的本科院校与本行业企业共同建设管理，它能调动本行业办学投资的积极性；另一种形式是在原有高校隶属关系不变的前提下，由不同行业和地方政府参与投资共建和管理高校。

经过近十年的高等教育管理体制改革，计划经济体制下"条块分割"的高等学校分布状况已经得到了根本转变，中央和地方分级管理的二级管理体制已基本确立，基本理顺了中央和地方、政府和高校、教育部和国务院各部委的关系；改变了高等院校低水平重复设置、管理效率低、办学效益差的局面；合理构建了高等教育的结构体系，实现了各级各类院校优势互补，资源合理调配，教育质量、管理效益同步提高。

2) 通过高等教育管理体制改革实行高校教育资源重组的特点

第一，改革的目标。20 世纪末，高等教育管理体制改革的目标在于，通过高等教育体制改革形成不同高校自我发展的高等教育运行机制，以提高高等教育的产出和适应现代化经济社会建设的需要，建立高等教育与社会主义市场经济相适应的运行机制。这个目标相比 20 世纪 50 年代的改革目标，没有那么明确，50 年代改革主要是以计划为主，调整改革的目标明确，而这次改革主要是针对社会主义市场经济体制，要求高校以市场经济体制为导向，适应社会主义市场经济的需求。

第二，改革的范围。这一次高等教育管理体制改革的范围也是全国性的，然而从策略上看，这是以局部的调整来解决整体的问题。目前，联合办学模式刚刚起步，需要在区域范围内进行。

第三，改革的方式。这次高等教育体制改革的方式主要是以中央领导，高校和中央部委、地方政府合作的方式渐进实施的。改革的权力重心下移，高校及其主管部门有一定的自主权。对于联合办学的范围、方式和时间，除了原则规定，中央并无详细的方案和必须执行的具体时间表，政治环境较为宽松。

(二)经济体制转型与高等教育资源配置方式的转变

历史表明,高等教育资源的配置方式根据国家经济体制的不同分为行政计划和市场机制。国内由于不同的历史时期存在不同的经济体制,所以国内高等教育资源配置运用了不同的方式。

1. 20世纪50年代初至90年代初采用了与计划经济相适应的高教资源配置方式

这一时期,高教资源的配置主要是以行政计划的方式进行的。这种方式具有高度的集中性和垄断性,而在这种体制下要发挥出最佳效益,必须满足以下几个条件:第一,信息是完全的,即计划和调控部门对社会各方面信息的掌握是全面的;第二,边际私人收益应等于边际社会收益;第三,整个社会的供求在计划者的制度安排下是均衡的,经济资源的配置是高效的,即符合瓦尔拉均衡和帕累托效应最优。

在这种体制下,政府代表全体人民掌握生产资源,直接领导和组织社会经济活动,把行政手段作为计划机制的主要手段来配置资源,使社会资源供求保持均衡。但是,在现实生活中,计划经济体制下要达到以上三个条件是很难的,因为这种机制存在着重大的制度缺陷。因此,计划体制在宏观机制的选择上会出现偏差,微观上出现失调,结果导致社会有效资源的配置低效或失效。

高等教育在高度集中的计划经济体制下,其资源配置方式严格按计划进行,办学的主体是国家及其教育行政管理部门,高校是政府的一个"车间",学校的一切工作按照国家及其教育行政管理部门的指令办事。资源配置具有以下特点:

第一,高度集权。就是国家和教育行政管理部门将举办权、办学权、管理权集于一身,独揽大权,实行自上而下的单一决策机制。学校没有一点自主权,用人单位也无权选择需要的人才,学生更是无权选择单位和职业,造成了资源配置和主体的严重错位。

第二,高度封闭。就是割断或削弱高校与经济、社会发展的联系,人才培养与社会需要完全脱节，只要求高校服从政府的计划。由于行政组织机构所造成的条块分割，高等教育有限的资源呈现重复建设和小而全、大而全的状况，导致单科型学院过多，人才的培养模式单一，办学效益很低，资源严重浪费。1982—1992年这十年间的情况最为明显。

第三，高度统一。就是无视地区、行业、高校的自身实际，强制性地对所属学校下达指令计划、指标任务，要求统一行动、统一模式、统一制度，以保证计划的统一实现。由于不存在竞争机制，这种强制和统一的行政机制大大减少了高校之间的竞争，阻碍了教育资源的优化配置，严重制约了高校的发展。

2. 20世纪90年代初以来以社会主义市场经济为导向的高教资源配置方式

市场经济条件下，高教资源的配置主要是遵循由市场来配置资源的原则。它的体制基础是市场经济体制，它的本质就是让市场机制对教育资源起基础性调节作用，其主要功能就是通过优化资源配置，实现效益和效率的最大化。

1992年我国确定建立社会主义市场经济体制后，各行业遵循市场经济的规律，逐步适应和建立起了一套市场经济体制下的管理体制。高等学校从1992年起也进行了大刀阔斧的改革，全国普通高等学校的数量从原来的1 080所变为1 018所，减少了62所，成人高校减少了510所，并且按照市场经济的要求逐步建立起了一套高校管理体制，实现了教育资源的优化配置，办学效益明显提高。

市场经济体制下，高等教育资源配置方式呈现出以下特点：

第一，自主性。在市场经济条件下的高等教育运行机制模式中，人才市场作为高等教育供求关系的信号，成为影响高等教育运行机制的核心要素，高校将成为真正意义上的自主办学的独立法人实体。

第二，开放性。由于学校引进了竞争机制，存在着优胜劣汰的危机，这样就增强了办学的能动性，将办学的推动力由"外"转向"内"，迫使高校走出校门与社会进行广泛联系，寻找办学的最好"切入点"。

第三，非统一性。各地区、各行业、各学校自身的特点，决定了高校在办学的过程中有各自的差异和特色。突出发展优势、保持学校特色将成为高校在竞争中立于不败之地的办学目标。

我国实行市场经济体制的时间不长，还处在不断发展、不断完善的过程中，但高等教育资源配置已显示出其优越性。将两种资源配置方式进行对比，可以初步得出一个结论：在计划经济体制下，高等教育资源的配置是以政府为主体，采取行政计划，如果运用直接调控的方式，这在市场经济环境下，其结果往往是低效的、不尽如人意的；在市场经济体制下，高等教育资源的配置是以市场为主体，采用市场机制，通过间接调控的方式来进行，但高等教育市场的供需复杂，平衡只是暂时的、局部的。如果调控适当，其结果可能是高效的。

二、我国高校教育资源配置现状

我国高等教育学校的持续扩招为我国教育事业的发展带来了巨大的影响，实现了从精英教育向大众化教育转变的新阶段。高等教育大众化的实践有力地推动了高等教育领域各项改革的深化，其深化成果在多方面都有所体现：高等学校教育思想、教育观念进一步转变，高校管理体制现代化、高校后勤服务社会化，以及校内人事分配制度、招生制度等重大改革的步伐加快。良好的发展改革趋势使高校办学潜力得到充分发挥，办学效益也大幅度提高。但在高等教育快速发展的同时，不可避免地出现了诸多矛盾，其中高校教育资源配置就是一个突出问题。下面分别从规模与范围、结构、质量、效益四个角度对目前高校教育资源配置存在的问题进行考察。

（一）从规模与范围的角度

1. 高等教育资源配置的规模性浪费

规模小、效益低一直是我国高等学校的一个"顽症"。以扩招为标志的高等教育大众化，成为解决这一问题的有效途径。然而，即便是"扩招"这一把开天斧，仍无法完全有效地为其开辟一片新天地，高等学校规模不大、效益不高的问题仍旧突出。现阶段，学校规模的扩大的前提很大程度上是建立在系科数量扩大的基础上的，各高校规模最大的院系与新上热门专业有密切关联，而原有系科特别是以传统专业为主体的系科，其规模并没有相应地扩大，反而出现普遍萎缩的情况，这种"名内涵实外延"式的增长对于高校教育规模的发展并未起到实际的促进作用。

另一方面，高等学校扩招，资源配置并未得到优化，因招生规模过大而导致"规模不经济"的现象层出不穷。具体表现在两个方面：

第一，学校基础设施配备严重不足。首先，一些高校扩招后，学生增多而并未扩充相应的生活场所以及置办、更新充足的配套设施，以致学生宿舍拥挤，基础设施老旧，供电、供水、供气设施因资金短缺而年久失修，存在很大安全隐患。配套的教学设备方面，许多高校也并未引进更高端先进的设备，无法满足教学和实验要求，从而影响课程质量，进一步又会对学生实际操作高校人才培养的质量产生重大影响。高校办学条件中的固定资产是我国各级政府监控高校设置、升级等的一项基本指标，但长期以来，在这个方面我国高校甚至政府都未引起重视。

第二，学生平均教育经费不足。扩招以来，虽然从总体上看，全国普通高校经费及教育资源总量与办学规模实现了同步增长，但是，由于地区间经济发展水平与财力投入水平差异较大，改革深入程度也有参差，以致部分地区普通高校生办学条件一定程度落后于发达地区和一流高校，从而难以保证基本的教育质量与正常的教学秩序，甚至严重影响了高等教育的可持续发展。

2. 高等教育资源配置的范围性浪费

高校扩招以来办学层次和办学形式更加多样化，很多学校既包纳研究生层次、本科层次，又有高职（专科）层次；普通全日制教育，在职教育等都有覆盖。办学规模之所以能迅速扩大，不断投入的新教育资源是其保障之一，同时还有赖于通过时间和空间的交错、二者的调度，以实现各种办学层次和办学形式对师资、设施、仪器设备、图书资料、信息网络等教育资源的充分利用。这种资源共享的方式，是获得可观的范围经济效益的点金石。

但在实际运行过程中，效果并未达到理想状态。由于扩招是在高校管理体制改革基本结束之际开始的，其运行必然要受到高校管理体制改革的影响，多校区办学是大部分高校默认的管理方式。扩招在促进高校范围经济的同时，多校区办学就容易导致高校教育资源配置的范围性浪费。其中存在的问题首先是多校区高校物资设备的利用率和共享率不高；其次是因很多高校多校区管理方式造成管理层次的增加，管理程序更加烦琐，使得管理成本增加而管理效率低下。

（二）从结构的角度

1. 高等教育功能系统结构性失衡

多年的扩招为高校提供更庞大鲜活的生源力量，一些以培养科研和管理精英为目标和教学与研究并重的高校海纳百川，招收了各层次不同类型的学生。不少研究型高校也高举扩招大旗，附设了两年制的"高等职业技术学院"，立志培养一线的从业人员。这些高校的职业型成人高等教育规模在短时间内迅速扩张，在高校并未有完备的教学条件的情况下，现有的教学资源无法达到科研与技术"两手抓，两手都要硬"的标准，甚至削弱了研究型高校作为国家知识创新和知识传播中坚力量的作用。不仅如此，这也对以职业教育为主的公办和民办高等职业教育学校造成了冲击，形成了高等教育功能系统结构性失衡的局面。

2. 高等教育学科结构与经济结构的调整与产业升级的要求不相适应

近几年来，在经济蓬勃发展的社会大背景下，全国许多高校依靠新增专业来维持规模扩张，一些投入相对较少和通用性较强的专业如雨后春笋般迅速成长起来。由于各专业招生数的控制权已下放给高校，地方政府依照社会经济发展的需要对相关学科和专业结构进行宏观调控力度和精准度都不高，以致当前的学科结构难以为经济结构转型保驾护航。

3. 因多校区办学而造成的高校教育资源配置的结构性浪费

合并后多校区高等学校的学科设置基本齐全，但学科齐全并不代表学科结构的综合化水平高。中国高等学校的合并实质上是简单的"合并同类项"，原有学科分布的基本格局并没有在合并后发生改变，系统结构处于松散状态，无法发挥学科的综合优势。而一个较为合理的学科结构，学科门类众多是最基本的特征，学科结构的综合化、有机化才是保持稳定向上发展的内驱力。

另一方面是高校为了进行管理体制改革并兼顾地方的利益，进行"强弱互补"的高校合并，办学层次和结构方面的问题日渐凸显出来。高等学校合并的初衷之一是"强强联合"，创建一流高校。然而，国家重点高校与专科层次的学校合并之后呈现在我们面前的是一些新的问题——办学层次不清，办学结构不清。

整体来说，高校合并后办学效益并不高，未达到"1+1＞2"的预期。

(三) 从质量的角度

高等教育价值观会直接影响到对高等教育质量的评价。教育价值观即人们在特定的社会条件下的教育价值判断和价值选择，从微观角度看是指基于教育系统本身各个内部要素之间有机联系的目标指向；宏观层次上主要指基于教育同社会中其他系统之间的相互协调关系的价值旨趣。过去，我国长期处于大一统的计划经济体制中，与之对应的是发展相当缓慢的精英教育。市场经济体制改革深度进行的今天，人们仍不自觉地从传统的精英教育质量观的视角来审视大众化高等教育的质量。这里，我们不妨还是以这一传统视角，对扩招以来的高等教育质量进行考察。

1. 生源总量增加，质量有所下降

由于高等教育规模发展过快，基础教育水平没有得到相应提高，所以导致了高校新生的整体水平明显下降。高校扩招的一般方式是向下兼容，使更多低分段的考生进入高校。对于全国少数知名高校而言，降分录取也许对其学生质

量没有太大影响，但对于其他许多普通高校来说，影响之大不言而喻。高等学校的办学水平主要体现在所培养的学生质量上，而生源质量的降低必然对学校的人才培养带来极大困难。这就要求学校要在放宽学生准入条件的同时，把好教育大关，一定程度上提高学生准出门槛，通过教学改革达到调动师生有效互动的目的，以保证不同层次、类型学校的教学质量。但是，在扩招背景下教师工作负荷已不可同日而语，勉强完成规定的教学任务，无余力对课程教学深入思考，导致教学质量大打折扣，因此很难使基本素质本身就有所欠缺的生源质量达到应有的培养目标。

2. 教育资源紧缺，人才培养质量下降

连续多年的扩招，对全国很多高校来说，教育资源的短缺无法保证教育质量，如教学、行政用房紧张，教学仪器设备不能满足课堂教学需要；图书资料达不到教育部规定的标准，不能满足课外知识延展的需要；教学安排不尽合理，管理环节滞后，等等，这些问题的存在对高校提升教学质量的目标来说都是绊脚石。

3. 教育管理机制改革滞后，无法保证教育质量

与传统的教育管理机制相比，扩招给部分高校管理带来的重大转变是实现了后勤服务社会化，但全包全管的管理模式仍在相当一部分的地方高校流行，高校力求达到教学与管理并驾齐驱，实则有心无力，不堪重负，形成重管理、轻教学的局面，学校工作重心也没有真正转移到教学、科研上来。

同时，扩招势必导致班级规模扩大，大班教学情况增多。在此前提下，教师对学生情况的了解十分困难，师生一对一交流的机会进一步减少。加上扩招降低招生标准，一个班级里的学生素质水平更是参差不齐，而当前高校的教育模式、教学手段与方法并没有与时俱进，学生的个性化发展得不到保障，整体的课堂教学质量也无法保证。

(四)从效益的角度

高校办学效益一方面是指高校产出与投入的对比关系，另一方面是指高校的产出是否符合社会的需要，即人才及其他成果要具有社会的适应性。我们可以通过对高校的物化劳动和活劳动的消耗与所取得的符合社会需要的劳动成果之间的比较(或简单理解为学校的产出与投入、成果与消耗、所得与所费的比较)考察。综合而言，高校办学效益包括表明数量方面的对比关系、具有一定的质量要求、达到一定的社会适应性规定等三方面的内涵，体现了数量、质量、适应性三者的统一。

从数量(也就是从办学规模)上看，经过多年的扩招，绝大部分高校的规模都翻了番，过去不同规模的学校都在原有基数上有了很大的增长。在目前的规模下，高校过去闲置的设施、设备都得到了充分的挖掘和利用，学校所有教育资源都在不同程度地开发利用。当然这只是部分高校对校园资源开发形成的正向反馈，还有很大一部分的高校教育资源都没有进行完全开发利用，资源利用并不充分、合理。

从质量上看，目前是众说纷纭。上文提到，传统的高等教育质量观认为，扩招以来，高等教育质量明显下降。而发展的质量观、多样化的质量观、适应性的质量观和整体性的质量观并未对其进行否定。其中最有代表性且为人们普遍接受的是多样化的质量观。多样化的教育质量标准中既包含精英教育质量标准，也包含大众教育质量标准。因此，如果持多样化质量观对当前高等教育质量的评价结果就不那么悲观。总体而言，扩招对青年人的整体知识水平起着莫大的作用，对国家、社会、家庭及学生发展都是有益而无害的。

适应性是指高校培养出的人才满足国家、社会和用人单位需要的程度，即人才适销对路。从这点上看，情况则不容乐观。目前，高校普遍存在专业与课程结构调整滞后，难以适应就业市场需求变化的情况，这对毕业生来说无疑是心志的磨砺和技能的考验。经济全球化浪潮席卷整个社会，世界各国竞争激烈，而我国的产业结构和就业结构也需要进行一次彻底的转型升级，这对人才的需求也更加多样化。多年来，我国高等教育专业结构和培养目标的调整滞后，教学内容和课程体系的更新缓慢，许多高校毕业生难以适应劳动力市场的需要。在扩招后，这一问题更是暴露无遗，未来几年高校毕业生就业形势将更为严峻。

我国高等教育事业以尽善尽美为发展目标，需要政府落实好政策，做好职责范围内要求的工作；各层次的高校也要解决好扩招中未解决的疏忽漏洞，实现高校资源配置的最优化。

第四节 高校教育资源优化配置的机理分析

高校的资源配置过程的核心是如何有效合理地利用高校的内外部资源来使高校获得快速发展。人力、物力、财力这三种高校资源，只有达到一个同步协调的状态，才能使高校的可持续发展得到稳定支持。但我国高校教育的起点低、发展慢，不同程度的多种问题在发展过程中呈现，在这些问题中，不合理的资源配置、效率低下的使用资源是特别重要的问题，需要高度重视。

在我国高等教育资源总体上处于稀缺性状态的背景下，高校资源分配的合理性非常重要，合理有效的资源配置是高校发展战略实施的重要保障，其中，资源配置的机制和方式是高校能否有效管理的控制手段，资源的配置与效率直接影响着高校的发展速度。如果一个学校的资源配置不合理，使用效率低，就会丧失竞争力，导致学校的发展止步不前，学校的可持续发展成为镜花水月。

一、高校教育资源优化配置的目标与实质

人的生存发展离不开各种资源，不论是经济资源还是社会资源，它们是人生存的基础和保障，所以都具有不可或缺性。教育资源是一种必要的经济资源，它一直被社会所关心，其优化配置问题一直是社会热点。伴随着知识经济

时代的到来，人对于教育资源的需求增大，要求提高，但是教育资源的供给端却是疲于应对，因此，对教育资源的优化配置工作成为一个目前紧要的问题。

配置方式的选择是高校教育资源优化配置的核心问题，配置方式的选用受多种因素的影响，如经济发展水平、学校规模、政府政策、学校办学理念、学校类型等。经济发展水平程度高，政府对教育的扶持力度大，是供给端的加分项，可以使教育资源更加充分，资源分配时具有更好的灵活性。学校规模大，师生众多，是需求端的减分项，这会加大对教育资源的需求，资源分配时的压力也会更大。如果学校的主要任务是教学，培养的学生素质高，那么就认为资源配置效果不错，是有效的。不论选用何种配置方式，只要能够使有限资源更加合理和充分利用，实现整体利益最大化，就是好的分配方式。

古今学者对于教育经济资源的分配配置，也有许多不同意见。现代资本主义经济制度的创立者亚当·斯密认为：一国的教育实施，可以直接由受到教育好处的人支付费用。诺贝尔经济学奖获得者弗里德曼认为：政府直接资助和管理学校的方法不可取，可以采用给学生们发放教育券的方法。诺贝尔经济学奖得主斯蒂格利茨认为：关于教育相关服务可以是由私人提供，或者由私人部门和公共部门共同来提供。联合国教科文组织对比教育首席教授马克·贝磊认为：免费教育在大多数情况下，它并不产生好的结果，所以它不一定是好的政策。可见，学者们认可的教育资源配置方式是各不相同的，是多元化的，并不是单一的。所以，制定的教育资源分配方式要结合国家的教育实情，综合考虑多元分析。

教育资源配置的目标是通过对教育资源进行分配后所希望达到的结果。教育资源配置的目标有三个特点：

公平：在教育资源配置中，要尽可能地使教育资源配置和受教育者的条件相当，要通过对教育资源的有效配置，确保起点和过程的公平从而实现结果的公平。

效率：在对教育资源进行配置时，必须考虑成本和收益。教育带来的不仅仅是经济上的收益，还有社会、政治、文化等方面的非经济收益。

稳定：通过教育资源的优化配置，能够使教育得到稳定的发展，从而提高全社会人员的素质和技能水平。

教育资源在不同角度具有不同的配置目标。从微观角度看，其目标是在教育资源确定后，学校管理者运用自身的管理能力和知识，充分调动各方面的人力、物力和财力，在满足学校正常运营的同时，确保教学目标的实现。这是资源优化配置的目标。另一方面，从宏观角度看，如何使全社会的教育资源在不同的高校中得到配置，在宏观层面上的目标是在教育单位之间得到合理的分配，确保资源流向使用最充分的部门或单位。这两个目标相辅相成。如果宏观目标得到很好的实现，微观目标将很容易实现。例如，如果政府支持贫困地区的教育发展，在相应政策和财政援助的支持下，贫困地区的学校将更快地发展。然而，这是一个包容性的概念。由于高校教育资源的有限性，如果分配不公，就会影响到各高校教育资源的利用。如果资源流向规模小、利用效率低的学校，必然导致教育资源的极度浪费和社会效益的降低。相反，如果分配公平，高校通过扩大规模和改革内部教育体制，不断提高办学效率和质量，那么教育资源就会得到充分利用，利用率就会不断提高。

商品经济时代的经济资源配置无论处在什么样的经济制度，都有一定的规律，教育资源的优化配置也不例外。配置目标的实现需要通过一定的价值评估标准来判断。一种价值评判标准是"帕累托最优"，是意大利经济学家帕累托提出了经济和社会资源配置的价值评估标准，强调了效率和公平原则。一方面，人们认为资源分配的状态是最好的。另一方面，要实现帕累托最优，必须通过帕累托改进逐步实现。帕累托优化是一种动态变化，如果对某种资源配置状态进行调整，使一些人的境况得到改善，而其他人的状况至少不变坏，符合这一性质的调整就被称为帕累托改进；帕累托最优意味着没有帕累托改进的余地，不降低另一方的福利，就不可能提高一方的福利。

"兰氏定理"是另一种价值评判标准，即边际收益等于边际成本时，平均成本最低，它被看作是另一种判断经济资源配置是否达到最佳状态的客观标准。当一个企业或者厂商的边际收益和边际成本最接近时，产品的平均成本最低,所以就认为此时资源配置效率最大;反之,则经济资源配置没有达到最佳状态。但是,由于这些理论假设太多,过于严格,在现实生活中几乎找不到这种理想的模型。因此,在实践过程中,只能作为理论指导,具体问题还要具体分析,根据实际情况解决问题。

二、影响高校教育资源优化配置的因素分析

教育资源的定义,在不同的学者们眼中各有释义,各执一词。通常在人们谈论中所说的教育资源,本质上指的就是教育经济资源。教育资源不仅指用于教育活动的物质资源,还指在教育活动过程中必须投入的一切人力、物力和财力资源。教育资源的生产涉及每一个个人和群体,无论是国家、企业还是个人,所有这些都与教育资源密切相关。教育产业与教育资源密切相关,如果教育产业蓬勃发展,给社会和个人带来巨大利益,社会就会更加关注教育资源。投资者也会加大对教育产业的投入,相对应教育资源也将大大增加。经济使国力增强,政府就会加大对教育的扶持力度,在财政支持和高等教育从业人员培训等方面加强,都对教育资源的优化配置具有重大影响。

在历史根源方面,中国、欧美等大部分国家对教育都非常重视。在早期的资本主义发展中,欧洲大国就深刻认识到教育的重要性。在亚洲近代,日本的"明治维新"运动,就是效仿西方在教育是国家兴旺繁荣的根本动力的认识而作出的改革。在经过改革后,由政府作为强大后盾的教育体系,其中教学基础设施、教师教育水平以及教师的薪酬都有明显的提高。有了充足"蛋糕",才能进行下一步的"分蛋糕",教学资源要得到优化配置的前提条件是保证教学资源的充足,无限的教育资源是不可能的,而是能满足整个社会对教育资源需求的一个量。在商品经济时代,教育资源也是被作为一种"商品"来对待的,而只要是商品就会受到市场价值规律的影响。市场出清是商品市场的良好状态,即商品供需平衡。这是实现资源优化配置的好方法,对教育资源的优化配置也是如此。但是在现实中,教育资源的供需总是不平衡、不一致的。现有的

教育资源永远无法满足日益增长的教育需求，即便基础教育实现了义务教育也一样。按理说，实现义务教育的地区的供需是平衡的。然而，在某些地区，两者之间的不平衡是常见的。对于非义务教育，例如高等教育，教育资源需求与教育资源供给的不平衡也是一种普遍可见的现象。

这种不平衡的产生原因主要有两方面：

(1)教育资源的短缺。例如在义务教育的地区，政府是以分配公共教育资源的方式来服务社会的，费用的减免使得教育资源的需求大大增加，这不仅仅体现在数量上，同时还随着提供方式的大量增加。另外，区域之间教育发展的基础肯定会有差距，短时间内要达到的目标相同，则一些区域的教育资源就会显得短缺。对于非义务教育，例如高等教育在短短的时间进入"大众化"，人们对高等教育的需求急剧增加，但是教育资源却不能迅速得到扩充，从而形成明显的短缺。

(2)结构的不合理。在义务教育方面，主要问题是师资力量的配置，不仅是专业老师的配置不平衡，而且教师的受教育水平都不平衡。对非义务教育来说，相对的不平衡是正常现象，它是随着市场的变化而变化的，但就一个区域而言，严重的不平衡体现的不是结构的不合理，而是总教育资源的短缺，所以需要有计划有步骤地增加各方面的投入，增强供应能力。

影响教育资源优化配置的重要因素：公平原则。教育资源分配中的公平原则就是指人们平等享受教育服务机会的权利。教育资源的分配时，各学校之间、各教育机构的部门、各专业之间教育资源分配要坚持公平原则。研究者们都比较认同教育资源分配的公平原则，但对公平的价值取向及具体举措的实施却有不同的看法，很难有统一标准。

高等教育资源分配的公平原则的探讨，首先应该从高等教育的本质入手，即以教育为核心的使用价值出发。高等教育不同于基础教育，高等教育是发展资料而不是必需的生活资料，它是人们为了追求更高层次的自我的途径。1996年通过的《国际经济、社会和文化公约》，其中规定"所有人应该根据各自的能力，享有平等接受各种形式的高等教育的机会"。在我国，每个公民都有发展的权利和机会，以及实现发展目标的道路和方式。高等教育资源服务是发展资料，应当在社会公平价值的取向与标准下享受，通过国家统一组织的考试的筛选是一种标准，但是这种标准的公平性是存在争议的，我国高校招生统考的录取分数线的一致性会产生不公平，特别是经济落后、教育发展水平低的地区对比经济发达教育水平高的地区，在统一录取线的制度和不统一录取分数线的制度下，都会产生不公平。从恢复全国高校招生统考到现在的高校招生考试一直采用分区划定录取分数线的做法，其初衷就是减轻由于区域性的教育水平差距所造成的教育水平差距对考试的影响，但是多年的实践表明，教育资源服务的公平性还是差强人意，标准仍需要调整。

随着免费的义务教育慢慢普及，越来越多来自农村家庭的人们，由于高等教育的高费用，受迫于经济压力，开始呼吁逐步实施高等教育免费。但是，对于这种呼声人们也有不同的看法，特别是20世纪80年代以后，高等教育的收费化几乎成为全球一致的做法。联合国教科文组织对比教育首席教授马克·贝磊认为，如果对高等教育实行补贴，实际上是富人受益更多，穷人受教育的资源反而减少了。政府对高校收费问题一直很关注，高校的主要经费来源是政府，所以，除了高校自身所做的努力外，重要的是政府与社会的合力，各种力量团结在一起，使不同收入的家庭在成本分担上做到合理，让更多的学生享受到平等受教育的权利。

影响教育资源优化配置的重要因素：效率原则。教育资源公平分配的实现需要以效率为保障。教育资源配置方式的"效率"是通过资源配置来达成的。如果有一定的资源配置方式可以让所有参与者都有更高的收益比，那么这种资源配置方式的效率就被认为是高效的，也是比较科学的。教育资源与其他产品和服务一样，在高效的体系下，其使用价值将得到更充分的体现。

教育资源的配置会影响社会人力资源的配置。教育资源向重点领域流动，将产生相关领域的专业人才，对整个社会、经济、技术、文化和生活都具有重要意义。因此，在实现资源优化配置的过程中，将效率原则与公平原则相结合，要综合考虑，这样可以避免教育资源的浪费。公平和效率在一定情况下确实存在着冲突，许多学者和教育家试图将两者结合起来创造更大的社会价值，有时为了盲目提高教育分配效率而忽视了公平，有时候为了追求公平性从而或者牺牲了效率。在一定程度上，公平和效率是需要一种平衡。有时为了体现更多的公平，可能会牺牲效率，有时为了提高效率，不得不牺牲公平。所以在现实生活中，很难找到一个完美的解决方案来实现公平和提高效率，所以两者应该相互妥协，达到双赢的效果，这样才能更好地实现教育资源的优化配置。

三、高校教育资源优化配置的动力分析

教育资源以政府为主导的非市场方式分配和以市场为主体的市场方式分配都是以一种有序或者无序的方式进行分配的，这和其他的产品或者服务一样。从 20 世纪中叶起，世界发生了第三次新的技术革命，其中以信息化、数字化为代表的技术创新，开启了知识经济的新时代，在这一背景下，各国越来越注重教育的投入，并且开始研究怎么把有限的教育资源利用得更充分合理。最近几年，我国的高等教育经历了许多次的改革，其中教育体制的改革更是重中之重，包括教育管理体制、学校办学体制以及招生章程的制定都存在明显改变。学校教学体制也在转变，包括专业和课程的挑选、教学方式的变革等。学者陆广平和吴怡兴在 2000 年出版的《教育与现代化》杂志上发表的《论高校经济体制改革》一文中指出："高等学校向产业化体制机制转轨，这是改革的方向和出路。"1993 年国务院下发了《中国教育改革发展纲要》，2010 年制定并实施了《国家中长期教育改革和发展规划纲要（2010—2020 年）》，2019 年党中央、国务院印发了《中国教育现代化 2035》，相关政策的频出凸显出我国对教育的重视。改革的实质与教学资源的配置有关，随着人们对于高等教育这种发展资料的急切需求，高校学生的人数不断增加，但是现有的教学资源在短期内没有增加需要的数量，即对高校教育资源不断上升的需求增量大于教学资源的供应增量。在这种形势下，通过资源优化配置来实现使有限的高等教育资源得到更合理、有效的利用，越来越成为人们的共识。

四、高校教育资源优化配置的运行机制

高校教育资源是教育产业的组成部分，高校教育资源优化配置的运行过程有着自己的运行机制，因此，选择一种完善的机制，使其运行能具有持续性和有效性是至关重要的。教育资源配置机制的运行，受人力资源、物力资源、财力资源、信息资源等各种因素的影响，各种因素相互作用，支撑着教育资源配置机制的运行。人力资源包括教学人员、科研人员、行政人员、后勤人员，是办好高等学校的关键因素。物力资源主要指教学设备、教学建筑、图书资料等。财力资源主要指资金，来自国家投资、私人投资、学费等，学校日常的运转和发展都需要财政资金的支持。信息资源主要是指世界的新思想、新文化、新概念等，它是一种智力资源。这些高校教育资源要素之间是相互联系、相互促进的，但是各要素有各不相同的作用。

人力资源是高校教育的关键。学校的运转需要教育工作者，需要学生，需要学校后勤工作人员，没有这些学校根本无法正常运行下去，就不用提其他资源配置了。学校师生资源相当于一台机器的主要部件，学校后勤人员相当于机器的零部件，缺少任何一部分部件机器都是无法运转的。学校管理者应当重视对人力资源的管理，一方面发现各方面人才，使其能发挥所长，提高资源利用率；另一方面，加强人才的培养与开发工作，挖掘他们的潜能，使他们更好地为教学、为学校、为社会服务。

物力资源是高校教育的基础。教学活动的开展、人才计划的培养这些都需要一定的物力基础做铺垫。例如教学活动的开展需要有办公楼、教学楼，需要有教学设备，科研活动也要有科研设备、书籍资料、计算机等。即使有好的人力资源的情况下，如果没有物力资源作为基础，高校教育也无法产生价值与效益。

财力资源是高校教育的保证。财力资源是学校各种资源的货币体现，教师的工资、社会保障费、职工福利费、教学大楼的扩建、教学设备的维修、教学补助金等费用的支出都是必要的，教学经费支出结构反映出教育资源利用率。

教育资源优化配置机制的运行，需要各种资源的相互协调配合，必须处理好以下几个方面：

(1)我国现阶段高等教育管理体制改革方向主要是合作与合并，通过重组这种方式来实现教育资源的高效利用。但这只是改革的一步，最核心、最重要的是关于教育体制的改革。正如经济体制的改革对我国经济发展的重要性一样，教育体制的改革创新同样非常重要，这是常常被人们忽略的一点。长期以来，我国高校管理体制存在内部灵活性缺失的问题，市场竞争意识也不高，这些体制弊端已经越来越难以适应现代教育和市场经济的发展要求。20世纪80年代以来，高校开始摸索学校管理体制的改革；90年代，内部管理也在进行新的一步调整，主要涉及的是人事变动，这种改革调整的主要目的是处理好教育资源的合理配置问题，建立健全高校学校管理体制，使办学的效益更高。"教育领域综合改革"在党的十八届三中全会中提出了明确要求和实施路径，体制创新也是大势所趋。一些高校普遍存在"冗杂"，如"庞大"的行政机构、"臃肿"的后勤人员，所以要改变原有管理和运行机制，对这些机构进行精简。只有通过体制创新才能建立符合不同高校发展需要的内部管理模式，每个高校都有符合自己实际情况的个性化管理机制，而实现高校个性化发展机制的途径就是内部体制创新改革。

(2)处理好分配的效率与公平原则是教育资源优化配置的运行机制另一重点，这一点在前面也已经分析了解。20世纪90年代以来，我国一直在推进高等教育经费的分配方式改革，现在教育经费的分配方式主要是根据学生平均培养成本、学生人数，以及学校发展的特殊要求划拨的。这种分配方式和过去相比，在公开性和透明度方面已经有明显的进步，这与市场经济的客观要求相符合。但是，仅以学校规模和学生数量来作为衡量标准未免过于武断，没有考虑学校教育质量和办学效益，不能完全反映高校成本状态，会被人误读为学校规模大，学生多，那么所获得的教育经费就多，这种分配方式表面看似公平，其实是以牺牲为效率为代价的。另外，这会造成高校盲目地追求规模的扩大，修新校区、搞大学城，过程中盲目建设，重复建设。有的学校利用教育用地的相关优惠政策，大量圈地，造成社会资源的浪费。

(3)管理者的理念对于高校教育资源优化配置机制的运行有重大影响。管理者的资源配置效率意识不足会影响到高校发展的可持续性，因此，高校管理者从长远发展的角度去思考高校生存与发展的问题，要具备长远的战略眼光。

教育资源优化配置机制的运行是一个复杂的工程，其中的问题远远不止这些。教育资源优化配置机制的运行是为整个教育产业服务的，也是为广大受教育者服务的，更是服务于整个社会的。在知识经济时代，随着人们对知识需求的增加，教育产业的收益性日益明显，只有高校明确定位，突出重点，将教育资源的优化配置放在第一位，同时不忽略对教育公平和效率的追求，教育资源配置机制才能有序正常地进行。

第三章 基于区块链技术的高校优质教育资源平台总体优化设计

本章首先从功能性需求和非功能性需求两个方面出发，详细地阐述了对区块链教育资源平台的需求分析。其中，功能性需求和具体的业务有关，例如教育资源加密、资源上传、资源查询、资源下载、资源版权保护等。而非功能需求主要和区块链教育资源平台所表现的其他性质有关，包括平台的易用性、自我维护性、安全性需求等，旨在为用户提供良好的使用体验。然后在此基础之上从平台的总体架构设计、平台工作流程设计两方面对教育资源平台进行了总体设计。

第一节 高校优质教育资源平台需求分析

一、功能性需求

本教育资源平台针对解决高校优质教育资源共建共享中存在的资源存储风险、资源版权确权困难、资源创建激励机制欠缺等问题，为平台用户提供的功能用例图如图3-1所示。

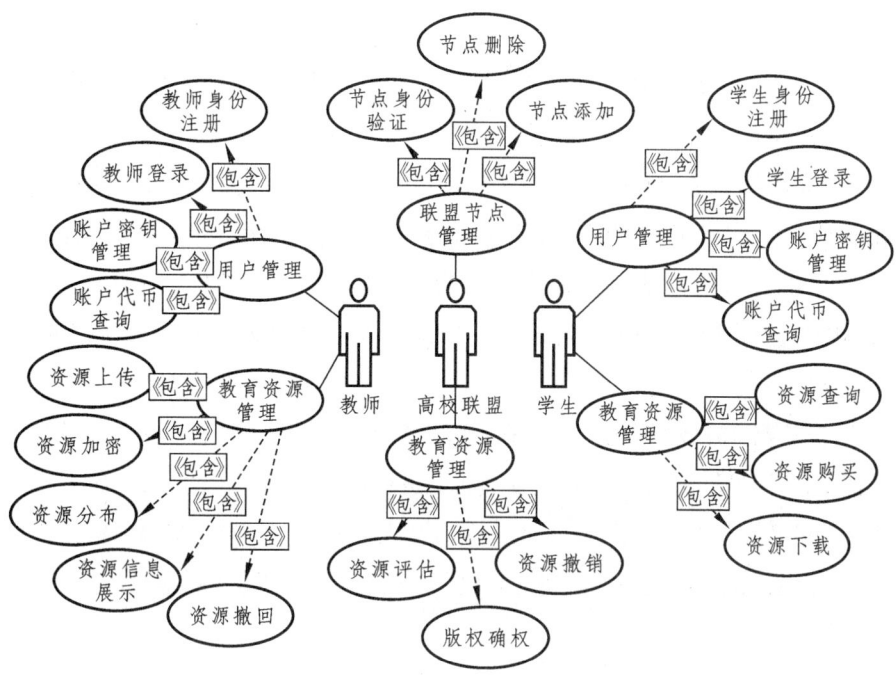

图 3-1　高校优质教育资源平台用例图

（1）用户管理：用户管理模块是教育资源平台的入口，该模块将用户类型分为学生、教师以及高校三种类型。在用户进行注册登录的时候进行身份认证并设置与之对应的访问权限。

（2）资源文件上传功能：考虑到以太坊区块链上存储大数据的技术限制以及高昂的费用，本书将加密后的教育资源文件保存到 IPFS 文件系统中，系统会给上传者返回一个基于该资源文件的唯一 Hash 值。只有资源名称、资源价格以及 IPFS 返回的唯一 Hash 值等信息以及合约代码才会保存到区块链上，大大降低了资源存储费用。

（3）教育资源发布功能：用户在教育资源发布页面填写资源名称、资源描述、资源价格并选择发布到平台上。

（4）已发布的教育资源展示功能：平台通过从智能合约上提取数据并渲染展示出教育资源信息，包括资源图片预览、ID、名称、所有者、价格、Hash、上链时间。

(5) 教育资源购买功能：在资源购买界面通过输入资源 ID 和价格购买该资源。

(6) 教育资源下载和在线观看功能：平台托管的智能合约会在购买者成功购买后，向资源购买者提供其下载该文件的 IPFS 唯一 Hash 值，随后买家可通过该 Hash 值在本平台下载这些资源文件并保存到本地，也可以在平台上直接观看。

(7) IPFS 文件恢复：在教育资源平台上，IPFS 还可以给教育资源创建者提供性能最优节点来让创建者能够将自己上传的教育资源文件分片再下载下来并进行文件还原。

(8) 教育资源版权确权：平台利用区块链技术记录原创资源作品和作者的详细信息，并对该资源的上链以及交易过程进行跟踪管理。由于区块链的不可篡改和上链数据可追溯特性，一旦发生资源作品版权争议现象，资源创建者可以通过时间戳来证明自己拥有资源的版权，为自己的资源版权维护提供依据。

二、非功能性需求

本平台的非功能性需求有：

(1) 平台易用性。一个友好的前端 UI 和易于使用的程序交互逻辑对于平台用户来说，不但能让用户使用起来方便、易上手，而且还可以将用户操作的失误率降到最低，以此来让用户拥有良好的使用体验与操作效率。本平台的前端 UI 简洁易用且布局合理，对用户十分友好。为了使教育资源平台的易用性能够得到保障，在对其进行设计时必须科学合理地安排教育资源数据的输入输出区域。

(2) 自我维护性。由于本教育资源平台的设计与开发是基于区块链技术和 IPFS 技术进行的，可以把所有参与到平台中优质教育资源共建共享的院校通过区块链中的联盟链组合起来形成一个联盟网络，并由参与其中的所有节点一起来选出可信节点，让这些节点来对资源版权数据进行验证和储存。对于教师创建并上传到平台的教育资源，所有联盟节点达成共识对其数据信息给出对应的区块数据并上链存储。并且，这些节点还可以对教育资源的源数据进行追溯、维护和查询。因此，本平台可以在没有第三方参与的情况下，通过联盟节点来进行自我维护。

(3)账户安全性。本资源平台的用户可以使用登录密码和以太坊账户私钥这两种方式来对账户的安全进行保护，并需要加密数据中的隐私字段，或对其进行哈希处理。

第二节　高校优质教育资源平台总体架构设计

基于联盟区块链和 IPFS 设计的去中心化高校优质教育资源平台的总体架构如图 3-2 所示，分为 3 层，由下至上分别为数据管理层、合约层、Web 交互层。

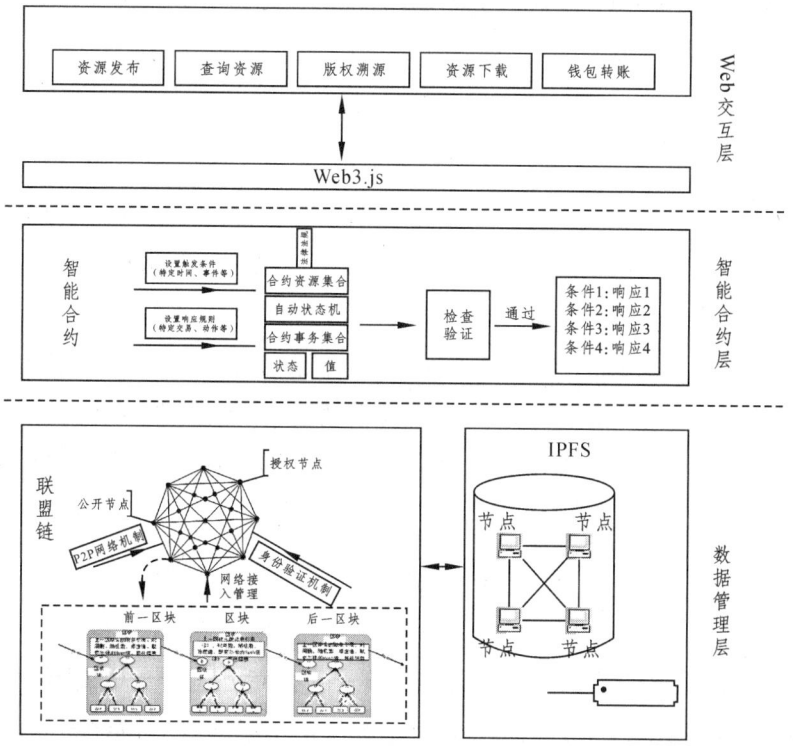

图 3-2　平台总体架构

本资源平台上层的前端交互与底层的以太坊区块链、IPFS 的连接是通过智能合约、Web3.js 来实现的，而区块链网络中各个节点间一致性的达成则是采用权威证明(PoA)共识机制来实现的，其网络内的新区块由可信签名者产生，这样就不再需要进行算力挖矿。即使权威证明共识机制的去中心化程度比不上工作量证明机制、权益证明机制等，但是因其具有可靠的权威节点认证机制与共识效率更高等特点，显然更加适合在高校联盟链的场景中应用。

一、Web 交互层

Web 交互层是用来让用户与教育资源平台进行交互的，其为平台用户提供了包括教育资源平台的基本功能模块等在内的可视化操作接口，平台用户的操作请求可以被其通过智能合约转换成虚拟资产和交易的形式然后传送并存储到底层的以太坊区块链上。

二、智能合约层

在设计的教育资源平台中，智能合约层的作用是为用户提供一个绝对可信的、完全透明的、没有第三方参与的交易途径，其是通过 Solidity 语言来进行编写开发的，并对相关的数据结构和各种算法逻辑进行定义。智能合约层与数据管理层的信息交互是依靠 RPC 来实现的，数据信息被其转换成交易数据的形式记录到以太坊区块链上，以此来完成数据管理层中对数据信息的追加、查询功能。另外，智能合约层在以太坊区块链上部署和调用智能合约时需要极少量的"Gas"费用，其是通过 MetaMask 钱包工具来支付的。

三、数据管理层

数据管理层对平台数据的存储和保护功能的实现是通过以太坊联盟链网络和 IPFS 技术来一起完成的。首先让网络中的所有用户节点组成一个联盟体，再采用共识机制来使各个节点达成一致，以此来实现教育资源平台上数据存储的去中心化。由于联盟链中的各个节点都共同参与到对区块链上所存数据的管理工作中,因此可以确保数据不会被篡改。IPFS 则主要用于存储各种格式的教育资源文件,然后将其返回的基于资源文件内容的哈希值存储到以太坊区块链上。

第三节 高校优质教育资源平台数据流程设计

平台数据流程如图 3-3 所示。

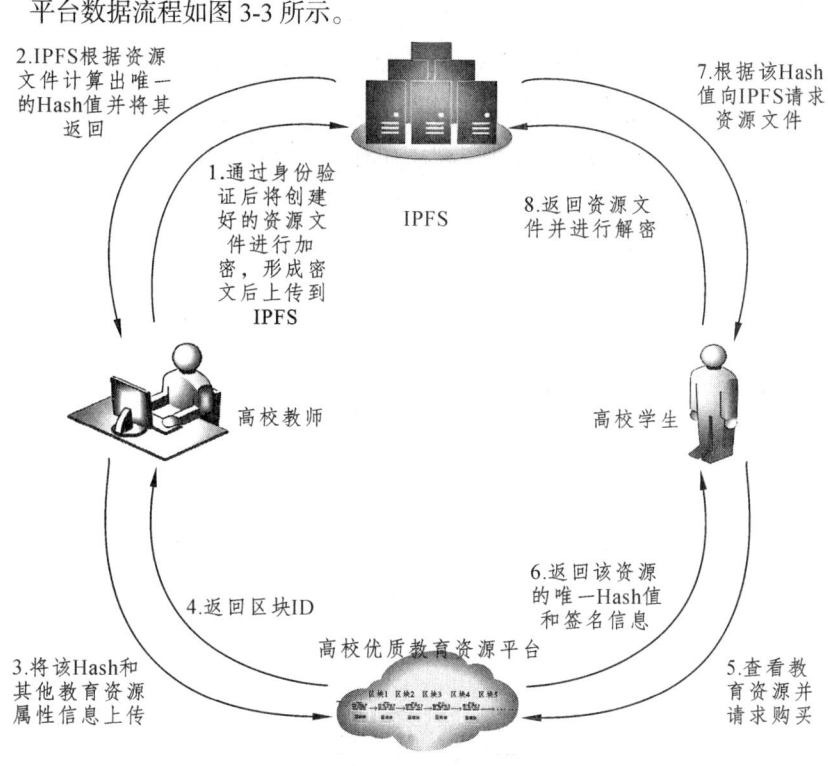

图 3-3 平台数据流程

高校教师是教育资源的创建者同时也是教育资源版权的所有者,高校教师将教育资源创建完毕后将其进行加密,形成密文数据后上传 IPFS 中。

IPF 将基于该教育资源文件计算出该文件的唯一 Hash 值并将其返回给资源

创建者，然后资源创建者将该 Hash 和其他教育资源属性信息上传到教育资源平台上。资源平台调用已经部署好的智能合约将这些信息以交易的形式存储在以太坊区块链上并加盖时间戳，为以后的资源版权争议提供依据。

教育资源成功上传到平台后，学生用户就可以在平台上看到该教育资源了。当学生用户完成资源购买后，就可以获得该资源的 Hash，然后通过该 Hash 在 IPFS 中查询到该教育资源文件，下载下来后通过密钥解密文件来得到教育资源。

教育资源文件经过加密后上传到 IPFS，能够分布式永久存储该教育资源文件。教育资源创建者和学生用户之间的交易是通过平台调用智能合约来自动完成的，使平台上的教育资源能够透明化、自动化地进行流转。与此同时，底层的以太坊区块链系统会将该教育资源产生的交易数据经过网络中各个节点的广播和验证后保存下来，以此来保障交易信息的防篡改性。

第四章
基于区块链技术的高校优质教育资源平台具体优化设计

本章主要对基于区块链+IPFS 的高校优质教育资源平台进行了详细设计。首先，结合平台代币对优质教育资源创建激励方案进行了设计。其次，结合区块链的特点以及 IPFS 在文件分拣和点对点传输方面具有的优势，给出了教育资源存储与更新方案设计。再次，分模块逐一地对资源平台的功能逻辑进行了设计。最后，针对资源平台所需的智能合约进行了设计，为后续资源平台的实现打好基础。

第一节 基于平台代币的高校优质教育资源创建激励机制

一、构建高校优质教育资源创建激励机制的必要性

首先，衡量课题中高校优质教育资源平台价值的关键在于平台上所承载教育资源的优质性、多样性和持续性。而教育资源的主要来源是基于联盟链的高校联盟中每个教师的原始创作，因此，如果想要保持平台上教育资源的优质性、多样性和持续性，就必须构建一种以创建优质教育资源为导向的激励机制，以此来提高资源创建者创建优质教育资源的积极性。

其次，在高校招生规模逐渐扩大的情况下，如果要做到实质性地提高这么多学生所受教育的水平，全面提升教育资源质量必将是高等教育事业发展的重中之重。所以，引入将教育资源质量作为重点的业绩考核制度，并对其进行动

态管理、科学激励，以此来使高校的教育职能得到充分发挥是很有必要的。必须要采取科学的、系统的激励方式，建立健全科学合理的教师激励制度，使高校教师的积极性能够得到充分调动，其内在潜力可以得到深度挖掘，鼓励高校教师积极地投入创建优质教育资源的工作当中，这也是高等教育事业改革和发展的必然要求。

二、当前教师教学激励机制方面存在的不足

目前，高校教师的激励机制大体上有报酬激励、精神激励（如评奖评优）、竞争激励（如职称评审）、绩效激励四种类型。从本质上来讲，前面的几种激励机制都是基于最后一个绩效激励机制的，因为它们都要以实际的业绩评价为参考。以教学绩效为重点指标的考核机制对于不断提高人才培养质量是最有利的。然而，现在的教学绩效评价目标设置还存在一些不足。

首先，高校教师教学工作的价值取向会受到评价目标的直接影响，现行的教学绩效考评主要是以监督、管理高校教师为目的，但究其根本，高校教师教学绩效考评还是要以提高教师教学水平和质量为根本目标。然而，在很多现实的教学工作中，对高校教师的教学绩效评价与以学生为中心的现代教育理念还有一段差距，目前很多高校教学绩效考评主要还是为了对高校教师的进行监管。以高校教师为中心的教学绩效考评过程主要把目光放在教师的教学行为上，例如许多高校现在有的教学督导制度，该制度是把教师的教案准备和撰写情况、与学生在课堂上的互动情况、学生作业布置完成情况和考试情况等当作目前教学管理的主要内容。为应对这种考评，一些高校教师可能会把更多的精力放在与各种考核相关的形式准备上，而导致在知识传授和优质教育资源创建方面的准备不够充分。知识传授是高校教育教学的重点工作，因此，教学的核心内容应该由怎样激励教师在时间有限的教学工作中更有效地将知识与方法传授给学生构成。在选择教学绩效考评标准方面，应该要改变价值导向，激励教师创建更多的优质教育资源。

其次，许多高等院校虽然对教学绩效评价机制进行了推广，但有的并未将其评价结果真正运用到教师奖励、职称评审工作中，就只是作为一份材料存档而已。如果教学绩效考评的结果得不到有效的利用，那么高校教师参与教学绩效考评的积极性和动力就会逐渐减少，考评组织者也会把教学绩效考评当作是一个日常工作而已，而不是当作一种重要手段并以此来提升教学绩效水平。

三、基于平台代币构建高校优质教育资源创建激励机制

首先，本教育资源平台结合区块链自身的货币功能，引入平台代币来作为教育资源交易的通证。其中，平台代币的流转包括赚取和消费两个部分，该功能是凭借以太坊上的智能合约技术的自动化执行来实现的。高校学生如果想要获得平台上的某些教育资源，就需要消耗自身账户内的平台代币进行购买。高校老师作为教育资源创建者，可以通过发布优质教育资源赚取平台代币。在学生购买该教育资源后，代币会通过转账钱包进入教师的账户中。

其次，通过引入市场机制，将赚取的平台代币与高校教师的相关权益挂钩，教育资源被下载得越多，该教育资源赚取的代币就越多。对于高校教师，可以将账户内的代币纳入其教学绩效考核之中，使其成为一项重要的指标。还可以尝试从教学绩效奖励中单独划分一部分出来当作教育资源奖励，并依据创建教育资源赚取的代币数量为标准来划分奖励层级。

再次，要为高校教师制定明确的年度考核办法，构建包含教学、科研和学术水平等在内的全面的绩效激励体系，教学绩效考评可作为其最重要的部分，并且教育资源所赚取的代币数量结果也可以作为该部分业绩的评价指标，把它转化为质量系数来参与年度考核计算。

最后，基于教学绩效来对高校教师进行精神激励。可以设计教育资源质量优秀奖每年来进行评选，奖励教育资源下载量大、受欢迎的教师，以此来激励高校教师更加积极地创作教育资源，保障教育资源的优质性和持续性，进而驱动高校优质教育平台的长久自动化运行。

第二节　教育资源数据存储与更新方案设计

作为一个完全分布式的点对点账本数据库，区块链有其独特的优势，但其在存储方面却有一个缺陷，那就是它仅可以对简单的文字交易数据进行存储，且每一个区块存储的文字数据所占内存最大为 1 MB，这在一定程度上阻碍了其在很多现实场景中的运用和推广。那么，该如何实现对平台上教育资源的分布式永久存储，以此来解决传统资源平台中存在的资源存储风险问题呢？在本教育资源平台的资源存储设计方案中，采用了在文件的分布式存储方面具有先天优势的 IPFS 技术。因为在 IPFS 中，所有参与其中的网络节点都是 P2P 网络里的计算机。就像任何计算机都能成为一个区块链节点一样，任何计算机只要贡献存储和计算资源都能作为一个 IPFS 节点运行，并加入网络来形成全球的文件系统。其本质是一个 P2P 的内容分发网络，不同于传统的中心化分发模式，没有中心化问题。

首先，通过 IPFS 中的 Bittorrent 技术来对平台中各种类型的教育资源(如文本、图片、声音、视频等)进行分布式存储。对于大小超过 256 kb 的教育资源文件，在存储时会被分割成小的文件块，上传到多个节点中。当节点通过文件 Hash 获取一个大的教育资源文件时，可通过多个节点同时获取不同的分片，然后在本节点进行组装，具有高效的并发性。例如高校教师将自己创建好的一段授课视频上传至 IPFS 进行存储后，那这段授课的视频数据将会通过特殊的加密算法，然后把授课视频分割成了若干小份，而 IPFS 中的多点备份机制会将该授课视频所有分片后的数据复制足够多的数量并将其分散存放到各个地方不同的存储节点中去。其中的一小份可能就在学校内的某个存储器中，当然也可能被存储在地球另一端很远的地方。即使在网络中某些节点出现了故障也能通过其他地区甚至国家的备份来完整恢复该视频数据，从而实现了对平台上教育资源的分布式永久存储，其过程如图 4-1 所示。

第四章 基于区块链技术的高校优质教育资源平台具体优化设计

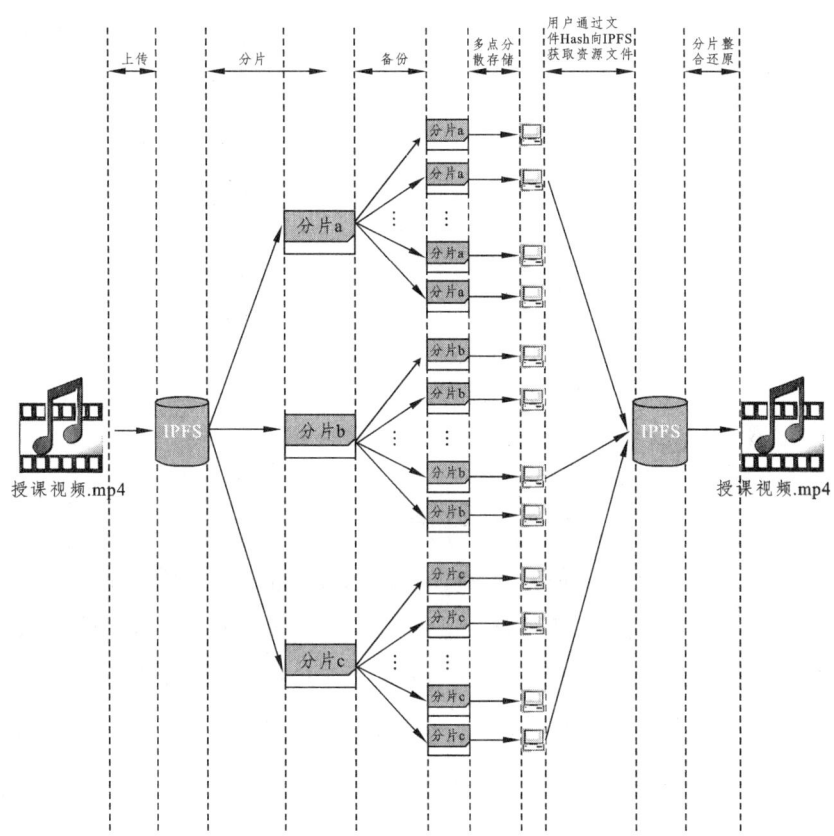

图 4-1 教育资源的分布式永久存储方案

与此同时，借助 IPFS 中的 Merkle DAG 来对教育资源文件内容进行哈希寻址和通过哈希内容来检验资源文件内容是否被修改，即防篡改功能。对于平台上教育资源的更新方案设计，也可以利用 Merkle DAG。在高校教师将更新后的教育资源文件进行上传时，Merkle DAG 会查看网络中是否包含此 Hash 的分片，如果包含则会直接链接，不会再重复上传，更新方案示意如图 4-2 所示。

假设教育资源文件 1.0 被分为三个分片 a、b、c，更新后的教育资源文件 2.0 被分片后变成 a、b、c1。此时如果将更新后的教育资源文件 2.0 上传至 IPFS，则只会上传 c1，再将教育资源文件 2.0 中的链接指向分片 a、b 即可，这种方案有效去除了网络中的重复数据，很适合应用于教育资源文件的更新方案中。

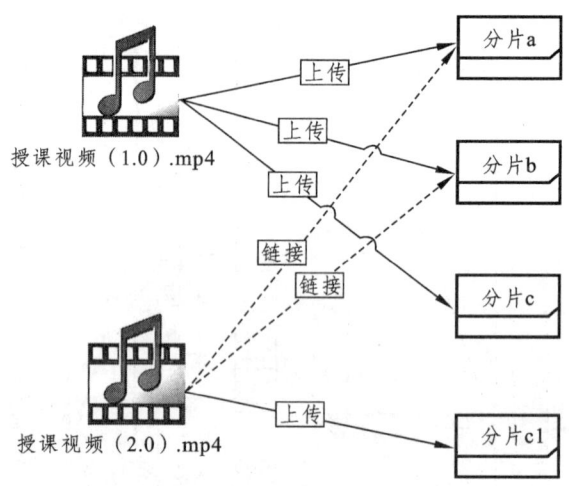

图 4-2 教育资源更新方案示意图

最后，把占用存放空间较大的教育资源文件经过加密上传到 IPFS 以后，将得到 IPFS 返回的基于该资源文件的唯一哈希值。由于该唯一哈希值的长度是固定的且占用的字节数非常小，因此将其存储到区块链上是非常适用的。如此一来，资源创建者就可以方便地将该唯一 Hash 和该教育资源的其他属性信息上传到教育资源平台上进行存储。

第三节　高校优质教育资源平台功能逻辑设计

一、平台用户权限管理设计

本教育资源平台用户身份主要有高校学生用户、高校教师用户、高校管理员，教育资源平台对不同身份的用户授予不同的权限。高校学生用户具有用户登录注册、资源查询、资源购买、资源下载等操作权限；高校教师用户具有资源发布、资源查询、资源撤回、资源版权追溯等操作权限；高校管理员具有师生身份管理、版权服务管理等操作权限，如图 4-3 所示。

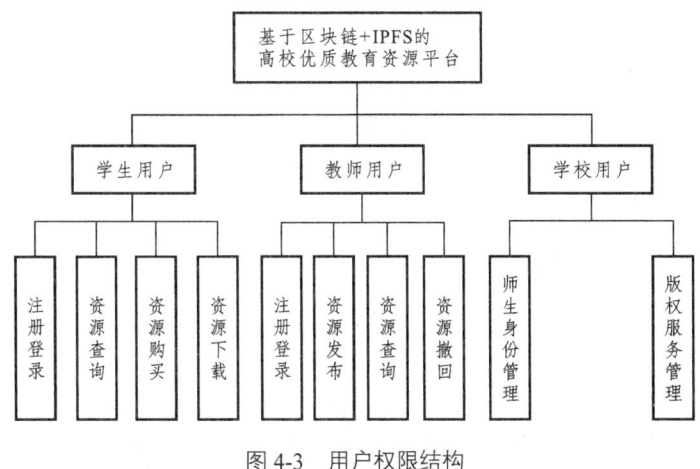

图 4-3 用户权限结构

二、平台用户注册及登录模块设计

教育资源平台的注册及登录模块主要包括注册账户、登录账户等功能。教育资源平台要求用户注册账号之后才能在平台上进行各项操作，注册时需要填写用户名、密码、学校、身份以及以太坊地址的注册表单信息后才能成功注册。需要注意的是，一个以太坊地址只能绑定一个用户，如果以太坊账户地址重复或者信息填写不完整，将会导致注册失败。具体逻辑结构如图 4-4 所示。

三、教育资源发布模块设计

将教育资源文件上传到 IPFS 网络中进行存储可以有效地将中心化存储数据易丢失、易复制、易篡改的风险规避掉。因此在本教育资源平台资源发布过程中，高校教师作为教育资源创建者，首先将创建好的教育资源上传到 IPFS 网络中，然后再在资源平台上正确填写资源名称、资源格式、资源价格、资源 Hash 等信息后将教育资源发布到平台上。在教育资源发布过程中由于要对智能合约进行调用，会花费极少量的"手续费"（Gas）。所以，在高校教师发布教育资源时也要保证其账户内余额要大于合约调用的 Gas，不然可能会导致教育资源上传不成功。发布过程设计如图 4-5 所示。

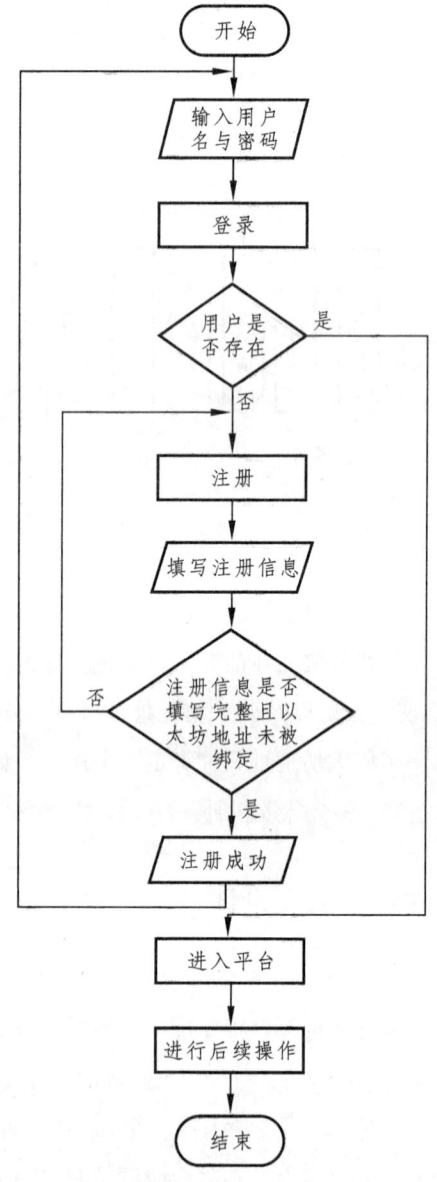

图 4-4　用户注册登录流程

第四章 基于区块链技术的高校优质教育资源平台具体优化设计

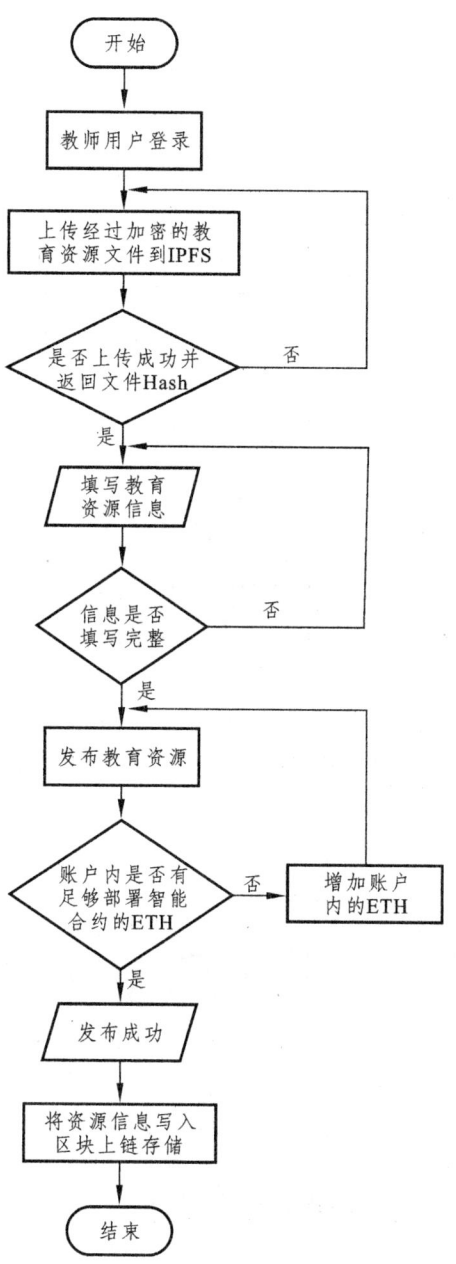

图 4-5 教育资源发布流程

四、教育资源交易模块设计

高校学生用户在成功登录到高校优质教育资源平台以后可以浏览平台上已发布的教育资源，在选取了心仪的教育资源以后通过平台的教育资源购买功能够购买该资源。在成功转账购买后学生用户会得到该资源的唯一 Hash，然后就可以通过资源平台的资源下载功能将该资源文件下载到本地。交易过程如图 4-6 所示。

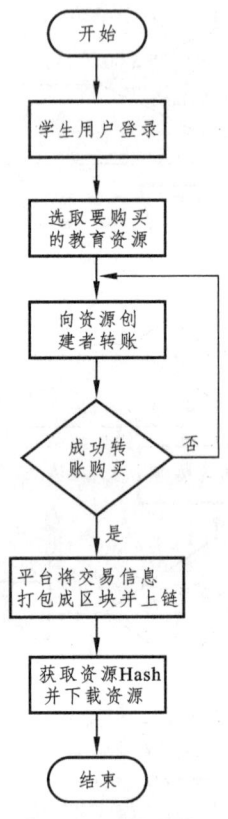

图 4-6　资源交易流程

五、教育资源版权保护模块设计

本模块主要利用了区块链技术公开透明、数据上链并加盖时间戳、可追溯、防篡改的特性来对平台上的教育资源版权进行保护。首先，高校教师用户将原创的教育资源经过加密后上传到 IPFS 并得到返回的唯一 Hash 值，而该唯一 Hash 值同教育资源的其他信息等元数据会被打包成区块加入区块链网络中并加盖时间戳，这些数据也因此具有了唯一性和防篡改性。区块链账本数据篡改识别与纠正过程如图 4-7 所示。

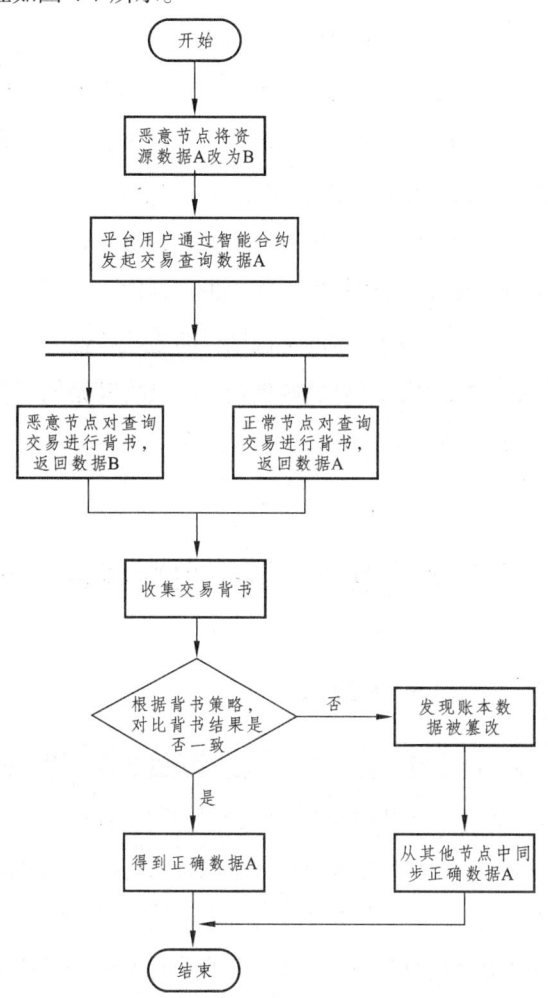

图 4-7 账本数据篡改识别与纠正流程

在本教育资源平台中，背书策略被设置为超过 2/3 的节点确认。恶意节点在未发起交易请求的情况下，修改区块链账本中的区块数据 A 为 B，以此来完成数据篡改。当用户对数据 A 进行交易查询操作时，根据以太坊区块链交易流程，用户的交易请求会广播至各个验证节点，各节点接收到交易请求后对数据进行验证，并将查询结果反馈至用户。用户收集到各验证节点的背书结果并进行对比，即可发现恶意节点背书结果与大部分节点存在差异，证明数据在该节点发生了篡改。最终用户可获得正确的数据，恶意节点只有同步正确交易数据后，才能正常进行交易，否则无法通过背书策略验证。

因此，就算资源文件被不断地转载，数据的完整性和一致性也并不会被破坏，从而对资源创建者的资源版权进行了保护。其次，优质教育资源在进行交易和流动的时候，由于区块链技术的可追溯、防篡改特性，下一个区块会自动将其版权信息保存下来，因此教育资源创建者在发现其原创资源被别人侵权时能够立即进行追溯和取证来帮助维权。

第四节　高校优质教育资源平台智能合约代码设计

一、智能合约结构体设计

智能合约是高校优质教育资源平台的核心构成部分。它不但能够实现资源平台的业务逻辑，而且还可以对数据上传、存储和下载等，以此来为资源数据存储提供服务。平台用户的操作也能够被智能合约转换为交易的形式并将其完整地记录到以太坊区块链当中。本平台的智能合约中教育资源等信息一样要使用结构体（Struct）来对其进行记录。由于本教育资源平台的设计是基于以太坊区块链平台的，所以在对智能合约的开发语言进行选择时，选用了以太坊官方使用的 Solidity 来作为本资源平台数据定义与业务逻辑编写的开发语言。Solidity 像其他开发语言一样为用户提供了多种数据类型，如表 4-1 所示。

表 4-1　Solidity 数据类型表(部分)

数据结构	数据类型	注释
address	以太坊地址	长度为 20 字节(与以太坊的账户地址长度一致)，是合约的基类，拥有一些成员的方法和变量
bytes	字节数组	表示任意长度的字节数据，相当于字节类型的动态数组
mapping	映射	一种键值对映射关系的存储结构
struct	结构体	
string	字符串	表示任意长度的 UTF-8 编码数据
uint/int	整型	无符号整数/有符号整数
bool	布尔型	非真即假
enum	枚举类型	

本教育资源平台主要涉及两类交易数据，它们分别是平台用户身份信息数据和教育资源数据。平台用户数据包含用户的基本信息，如用户名、学校、身份、以太坊地址等。平台用户数据结构体设计如表 4-2 所示。

表 4-2　平台用户数据结构体

结构体名	参数	参数类型	描述
Customer	name	string	用户名
	shcool	string	学校
	identity	string	身份
	adr	address	以太坊地址

教育资源数据则包含资源 id、资源名称、资源价格、资源文件当前所属、是否售出、资源文件 Hash、资源文件创建时间等信息。教育资源数据结构体设计如表 4-3 所示。

表 4-3 教育资源数据结构体

结构体名	参数	参数类型	描述
	id	uint	资源 id
	name	string	资源名称
	price	uint	资源价格
	owner	address	资源文件当前所属
	purchased	bool	是否售出
	hashval	string	资源文件 Hash
	createTime	uint	资源文件创建时间

二、教育资源发布上链合约

高校优质教育资源平台的每个用户都拥有属于自己的独一无二的以太坊 Hash 地址，资源创建者也同样如此，将自己的原创资源文件加密上传到 IPFS 之后，在将教育资源信息（包括教育资源的名称、价格、Hash 值等）发布到平台的过程中，平台会自动调用智能合约方法 createResource()进行资源创建并将相关信息打包成区块上链存储，此时也会消耗极少量的 Gas。该智能合约具体的设计逻辑如图 4-8 所示。

执行教育资源发布上链过程的智能合约部分核心代码如下：

```
function   createResource (string memory _name, uint _price,string memory hashval)    public
{
        require(bytes(_name).length > 0);
        require(_price > 0);
        resourceCount ++;                                          // 自增
        uint bnum=block.number;
        resource[resourceCount] = Resource(resourceCount, _name, _price, msg.sender,
            false,hashval,block.number);                     // 发布教育资源文件，并赋予索
            引
        emitResourceCreatedEv(productCount,_name,_price,msg.sender,false,hashval,bnum);
                                                       // 触发事件
        }
```

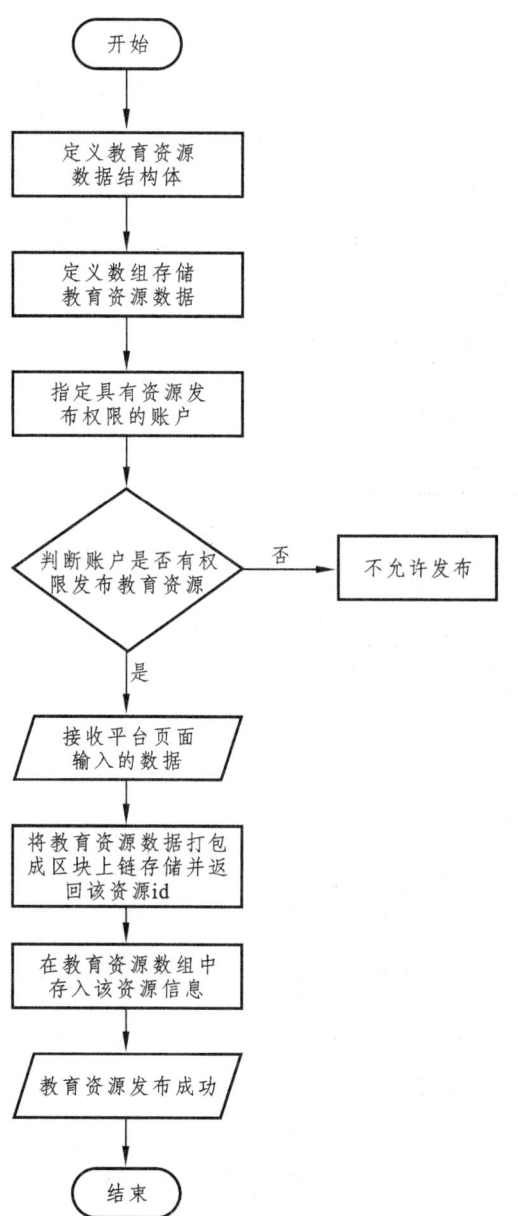

图 4-8　教育资源发布合约设计逻辑

三、教育资源查询合约

高校学生用户和教师用户都可以根据教育资源编号 id 查询相应的教育资源，由于平台上的教育资源编号 id 与该资源是对应且唯一的，能够通过 id 对资源文件精确查找。这个功能是通过调用智能合约方法 getResource() 来完成的，但因其不对数据进行修改，所以不会产生新"交易"，就不会消耗 Gas。其具体设计逻辑如图 4-9 所示。

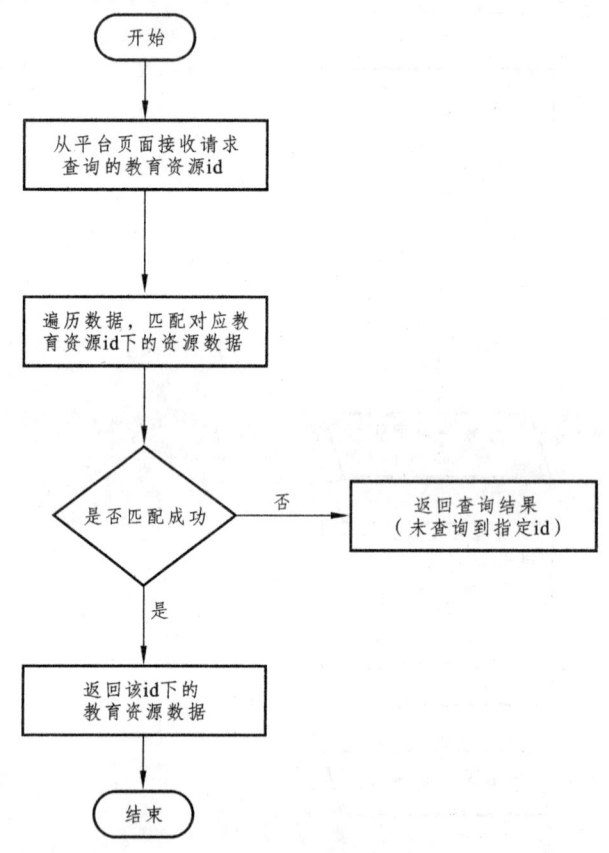

图 4-9 教育资源查询合约设计逻辑

合约方法 getResource() 部分核心代码如下：

```
function getResource(uint256 id) constant returns (string    name,      //教育资源名称
                                                   String    owner,     //创建者
                                                   uint256   price,     //资源价格
                                                   String    hashval) { //资源hash
    return (resource[id].name,
            resource[id].owner,
            resource[id].price,
            resource[id].hashval);
}
```

四、教育资源交易合约

教育资源平台学生用户查询到自己想要购买的教育资源之后，首先要确保自身钱包账户内的代币要多于该教育资源的价格，即

$$msg.value \geq \_resource.price$$

其中，msg 表示当前购买者账户；value 表示该账户所持有的代币余额；price 表示该教育资源的价格。若上述条件成立则能成功转账购买，该交易信息同时也会被记录到区块链中。其具体设计逻辑如图 4-10 所示。

购买教育资源的合约方法 purchaseResource()核心代码如下：

```
function purchaseResource(uint _id) public payable {
    Resource memory _resource = resource[_id];
    //获取所有者
    address payable _seller = _resource.owner;
    // 校验 ID 有效
    require(_resource.id > 0 && _resource.id <= resourceCount);
    // 购买者余额足够
    require(msg.value >= _resource.price);
    require(!_resource.purchased);
```

```
    require(_seller != msg.sender);
    _resource.owner = msg.sender;
    _resource.purchased = true;
    resource[_id] = _resource;
    // 给教育资源创建者转代币
    address(_seller).transfer(msg.value);
    // 触发事件
    emit ResourcePurchased(resourceCount, _resource.name, _resource.price, msg.sender, true);
}
```

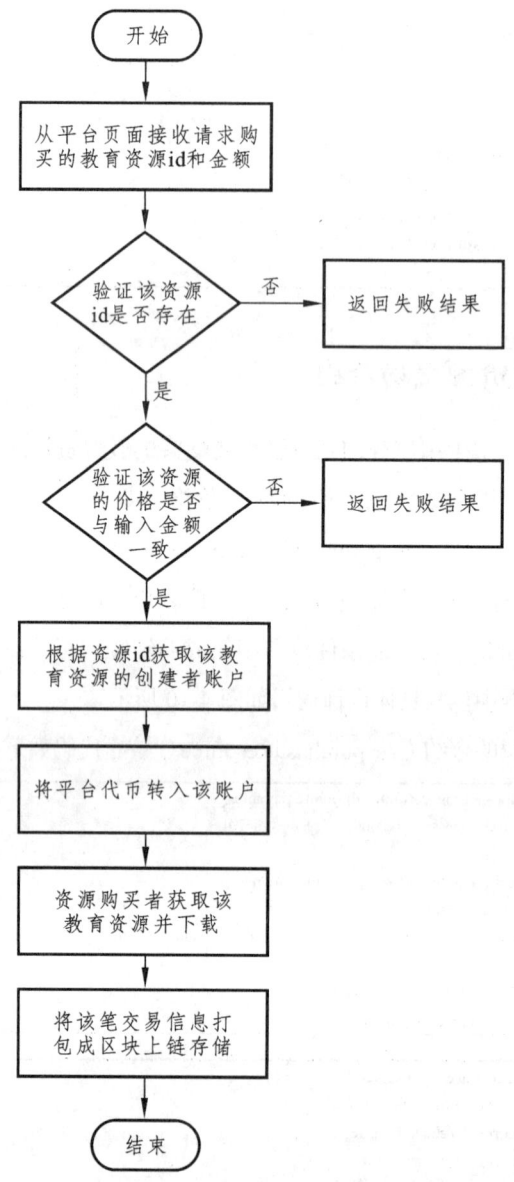

图 4-10 教育资源交易合约设计逻辑

五、教育资源撤回合约

教育资源创建者将教育资源发布到平台上以后，如果需要修改或更新该资源，可以将其撤回下架。其具体设计逻辑如图4-11所示。

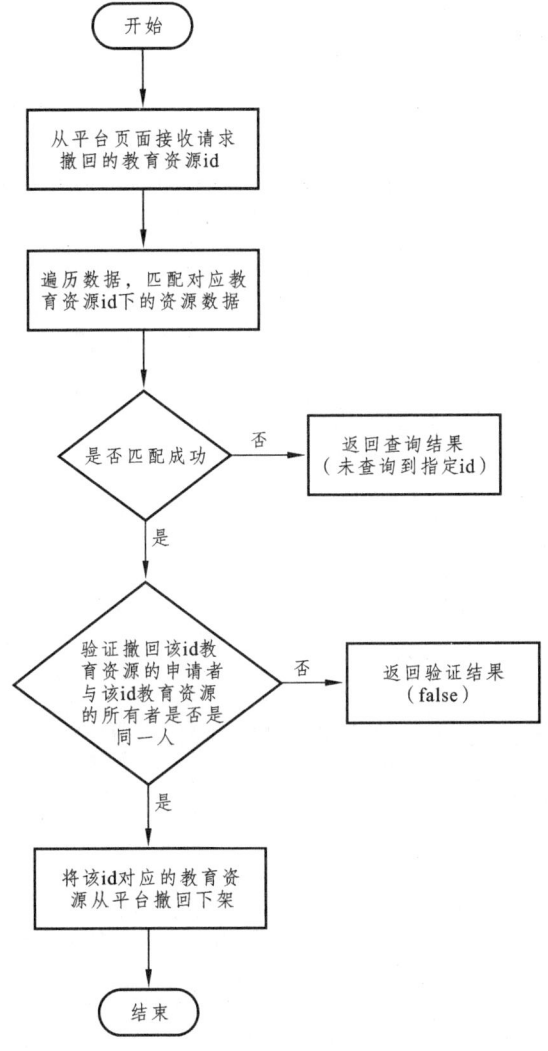

图4-11 教育资源撤回合约设计逻辑

合约方法 deregisterEdu_Resource() 核心代码如下：

```
function deregisterEdu_Resource(uint256 id) onlyOwner returns (bool success) {
    Edu_Resource resource = resource[id];
    if (resource.id == id) {
        delete resource[id];
        Edu_ResourceDeregistered(id);
        return true;
    }
    Edu_ResourceDeregistrationFaled(id);
    return false;
}
```

第五章 基于区块链技术的高校优质教育资源平台实现与优化测试

本章主要介绍了高校优质教育资源平台的实现与测试。首先，对平台的开发环境、以太坊联盟链部署和 IPFS 部署进行了说明。其次，简单介绍了平台开发实现和运行步骤。再次，对资源平台的关键功能模块进行了逐一实现并界面展示。最后，将资源平台测试表格化，以方便对比和后期查阅，测试用例内容包括功能名称、操作人员、测试时间、测试目标、测试数据、操作步骤、预期结果和实际结果。

第一节 高校优质教育资源平台开发环境搭建与部署

一、平台开发环境

本平台开发环境的硬件环境：内存为 8 GB，硬盘为 1 TB，处理器为 Intel Core i5-8250U。具体平台开发环境如表 5-1 所示。

表 5-1 平台开发环境

开发环境	开发工具名称
操作系统	Windows 10
开发工具 IDE	WebStorm
后端服务语言	Node.js

开发环境	开发工具名称
前端框架	React
区块链平台	以太坊（搭建联盟链）
软件开发工具包	Web3.js
以太坊节点仿真器	Ganache
去中心化应用开发框架	Truffle
浏览器	Chrome
开发语言	Solidity、HTML、JavaScript、CSS
数据库	MongoDB
以太坊钱包插件	MetaMask
智能合约 IDE	Remix

本教育资源平台的前端框架是使用 React 来搭建的，前端页面的制作则主要依靠 HTML、CSS 来完成。平台中智能合约是通过智能合约开发语言 Solidity 和网页终端 Remix 来分别进行编写和调试的，然后再在教育资源平台运行之前使用 js 脚本将其编译和部署，而去中心化应用开发框架 Truffle 则全程管理了智能合约的这些环节。最后，再利用 Web3.js、MetaMask 插件来完成平台前端与以太坊联盟链 RPC 端口的连接，这样教育资源平台用户就能够通过 Chrome 浏览器直接与智能合约进行交互了。

二、以太坊联盟链部署

1. 安装 Geth

以太坊客户端 Go-ethereum（简称 Geth），顾名思义，是使用 Go 语言编写出来的以太坊客户端，和基于其他语言编写出来的以太坊客户端相比，它是目前使用人数最多也是最成熟的。接下来对 Geth 进行安装。

首先，进入 Geth 官网，其中包含各个操作系统的安装包，如图 5-1 所示，选择对应操作系统的安装包，然后点击下载。

第五章 基于区块链技术的高校优质教育资源平台实现与优化测试

Stable releases

These are the current and previous stable releases of go-ethereum, updated automatically when a new version is tagged in our GitHub repository.

Android　　iOS　　Linux　　macOS　　Windows

Release	Commit	Kind	Arch	Size	Published	Signature	Checksum (MD5)
Geth 1.10.1	c2d2f4ed...	Installer	32-bit	59.48 MB	Last Monday at 6:24 PM	Signature	187aeedc802feb528e952c9ab4d168d
Geth 1.10.1	c2d2f4ed...	Archive	32-bit	18.21 MB	Last Monday at 6:21 PM	Signature	5e7190b09332474c2f2260fb92429760
Geth 1.10.1	c2d2f4ed...	Installer	64-bit	60.27 MB	Last Monday at 5:47 PM	Signature	68d9223f12d3808bc0d74e7b742f7a68
Geth 1.10.1	c2d2f4ed...	Archive	64-bit	18.5 MB	Last Monday at 5:43 PM	Signature	1a56109e76e933884a02785cb79ca539
Geth & Tools 1.10.1	c2d2f4ed...	Archive	32-bit	80.81 MB	Last Monday at 6:21 PM	Signature	07c6b8d2347a57a8ec5ed7bb416bbd02
Geth & Tools 1.10.1	c2d2f4ed...	Archive	64-bit	81.95 MB	Last Monday at 5:44 PM	Signature	a56bf7aa056690185fa0a4b79620a872
Geth 1.10.0	56dec25a...	Installer	32-bit	59.49 MB	Last Thursday at 1:11 AM	Signature	acbcb72c117a35aa26db6f2ca119dbe7
Geth 1.10.0	56dec25a...	Archive	32-bit	18.21 MB	Last Thursday at 1:08 AM	Signature	b86f3f3838d0a9cd30c494a53220dbb0
Geth 1.10.0	56dec25a...	Installer	64-bit	60.28 MB	Last Thursday at 1:11 AM	Signature	6907b206d237a6304426d53681f9d261
Geth 1.10.0	56dec25a...	Archive	64-bit	18.5 MB	Last Thursday at 1:07 AM	Signature	437832dab9b16e3c9a3ffa006ba9a359
Geth & Tools 1.10.0	56dec25a...	Archive	32-bit	80.83 MB	Last Thursday at 1:08 AM	Signature	2f07c3a8e90c05b51a81cdd3a72cf53c
Geth & Tools 1.10.0	56dec25a...	Archive	64-bit	81.97 MB	Last Thursday at 1:08 AM	Signature	70455a0086465731d2d1ec239f299ac0

Show older releases

图 5-1　Geth 官网安装包

下载 Geth 安装包之后，将其安装到本地计算机上，然后打开命令行窗口并输入命令"gethac count new"，完成对新节点账户的创建。接着输入命令"geth-fast"，将本机节点加入以太坊公网中，并将区块链网络中的数据同步到本地计算机，如图 5-2 所示。

图 5-2　节点部署完成

2. 使用 Geth 部署

以太坊联盟链在 Geth 客户端中集成了很多和以太坊协议相关的功能来方便用户使用。我们只需要将创世区块文件、Geth 参数等配置好就能够在指定的几台计算机上搭建一个以太坊联盟链网络。

1）创世区块文件

genesis.json 在每条区块链中都拥有一个可被唯一识别的 genesis.json 作为其区别于其他区块链的标志，因此要是指定的几台计算机在运行 Geth 时配置的创世区块文件不是同一个，那么这几台计算机就无法成为同一条区块链中的节点。所以联盟链中每个节点只有在初始化配置时，要使用同一个创世区块文件才行。创世区块文件 genesis.json 内容如下：

```
{
  "config": {
        "chainID": 72,
        "homesteadBlock": 0,
        "eip155Block": 0,
        "eip158Block": 0
  },
  "alloc": {},
  "nonce": "0x0000000000000000",
  "difficulty": "0x4000",
  "mixhash":"0x0000000000000000000000000000000000000000000000000000000000000000",
  "coinbase": "0x0000000000000000000000000000000000000000",
  "timestamp": "0x00",
  "parentHash": "0x0000000000000000000000000000000000000000000000000000000000000000",
  "extraData":
        "0x11bbe8db4e347b4e8c937c1c8370e4b5ed33adb3db69cbdb7a38e1e50b1b82fa",
  "gasLimit": "0xffffffff"
}
```

创世区块文件 genesis.json 中各个参数的定义如表 5-2 所示。

表 5-2　创世区块配置文件各参数定义

参数名	定义
config	区块链相关的基本配置参数
alloc	以太坊账户信息，可留空，也可预置以太坊账户及其余额
nonce	一个 64 位随机数，在挖矿过程中使用

参数名	定义
difficulty	初始的挖矿难度
mixhash	与 nonce 配合用于挖矿，由上一个区块的一部分生成的 Hash
coinbase	矿工是收益账户
timestamp	时间戳
parentHash	上一个区块的 Hash 值
extraData	附加信息
gasLimit	限制每个区块所消耗的 Gas

2）初始化配置

对 genesis.json 的创建工作完毕以后，接下来再在本地文件夹中创建一个用来储存联盟链数据的新文件夹"data"，然后输入以下命令来进行联盟链账户的创建。

```
$ geth  -datadir .\data\ account new
```

在完成两次密码的输入后会获得一个新的账户地址：

```
Address:{ <address of 0b5c4d8655ffa1893d499a9e574ddd85c02bb19d> }
```

把这个新地址粘贴到创世区块文件参数里面的 alloc 中。接着再重复上述步骤，直到完成对三个联盟链账户的创建工作。这时会发现在 data 文件夹目录下已经自动生成了一个存放着这三个账户公私钥文件的"keystore"文件夹。然后在另外两台计算机中粘贴从第一台计算机上复制好的创世区块文件和 data 文件夹。接下来在每台计算机中输入以下命令来进行联盟链节点的创建。

```
$ geth  -datadir .\data\ init .\genesis.json
```

3）搭建联盟链网络

三台计算机上的联盟链节点初始化工作都完成以后，就要开始各个节点的连接工作。用下列命令在每一个节点上启动 Geth，并获得节点的地址信息。

```
$ geth  -datadir .\data\ --networkid 72 console
> admin.nodeinfo.enode
```

enode 会返回如下格式的节点信息，其中包括节点的公钥地址、端口号等。

```
" enode://< node public key > @[ : : ]:<port>"
```

创建静态节点文件 static-nodes.json 并将其保存到所有节点的.\data\geth\目录下，然后将除本节点以外的其他节点的完整地址信息，按照下面的格式写入其中来完成节点的相互连接，成功之后即完成了联盟链网络的搭建。

```
[
    "enode://<   node1 public key   >@< node1 IP address>:< node1 port>",
    "enode://<   node2 public key   >@< node2 IP address >:< node2 port >",
    "enode://<   node3 public key   >@< node3 IP address >:< node3 port >"
]
```

三、IPFS 部署

首先在 IPFS 官网上将对应操作系统的 IPFS 源码包下载下来，并将其解压到用户指定的目录中进行安装。然后打开控制台窗口，输入命令“.\ipfs version”进行测试，若返回“ipfs version ×××”，则说明安装成功，如图 5-3 所示。

```
F:\论文\程序代码\区块链教育资源平台IPFS\代码\IPFS部分\go-ipfs>.\ipfs version
ipfs version 0.7.0
```

图 5-3　IPFS 安装成功

刚开始使用 IPFS 时，必须要先执行“.\ipfs init”命令来对本地仓库进行初始化，初始化成功后会创建节点身份信息，如图 5-4 所示，其中“peer identity”就是本节点的身份标识。

```
F:\论文\程序代码\区块链教育资源平台IPFS\代码\IPFS部分\go-ipfs>.\ipfs init
generating ED25519 keypair...done
peer identity: 12D3KooWStBsWoUgX7xgQBsyfoSYW1oxoLxTEHc8cDk8nuHJMCby
initializing IPFS node at C:\Users\李泽东\.ipfs
Error: ipfs configuration file already exists!
Reinitializing would overwrite your keys.
```

图 5-4　IPFS 节点初始化结果

在节点完成初始化的同时，本地 IPFS 节点目录中会自动创建如图 5-5 所示的用来存放区块数据的"blocks"文件夹、存放 IPFS 节点数据的"datatstore"文件夹和存放密钥数据的"keystore"文件夹。

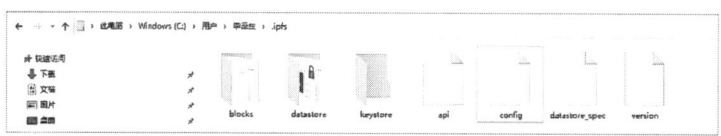

图 5-5　IPFS 节点数据存储目录

接下来在 IPFS 节点目录下打开命令控制窗口并输入命令".\ipfsid"，便能够对当前节点信息进行查看，如图 5-6 所示。其中，参数 ID、PublicKey、Addresses、AgentVersion 与 ProtocolVersion 分别代表本节点的编号、公钥、地址、IPFS 代理版本与协议版本。

图 5-6　IPFS 节点密钥、地址、版本信息

最后，在窗口中输入命令".\ipfs daemon"来部署运行节点服务器，如果命令窗口在末尾输出"Daemon is ready"的字样，则代表本节点已经成功启动，如图 5-7 所示。

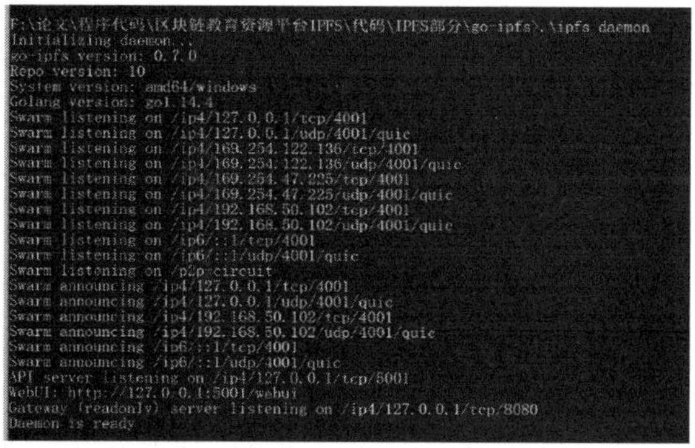

图 5-7　IPFS 节点启动过程

在完成节点的启动工作之后，要先对 IPFS 节点的功能进行测试，无误后才能正常使用 IPFS。在节点初始化过程中窗口内输入如下命令"ipfs cat/ipfs/QmW7rBucnnqswWja77ELvXGV1N3TMTTejKvD9K1YPD7FNf/readme"。命令运行后，可以查看系统 readme 文件，如果输出结果如图 5-8 所示，则表示功能正常。

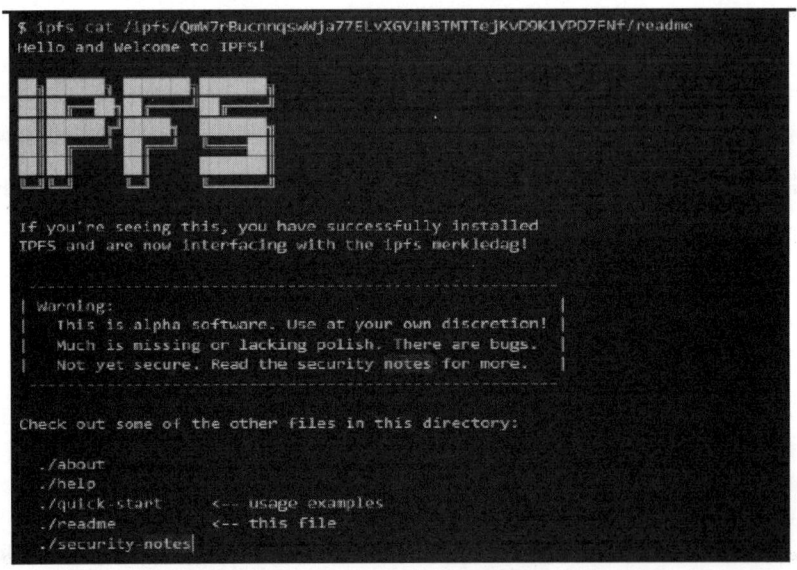

图 5-8　IPFS 节点功能测试

第二节　高校优质教育资源平台运行的基本步骤

本平台运行涉及多个组件，需要逐一启动，运行步骤如下：

一、启动 IPFS 节点服务器

进入 go-ipfs 目录下打开一个控制台窗口，然后使用命令 ".\ipfs daemon" 启动 IPFS 节点服务器，建立本地与 IPFS 公网的连接，如图 5-9 所示。

第五章　基于区块链技术的高校优质教育资源平台实现与优化测试

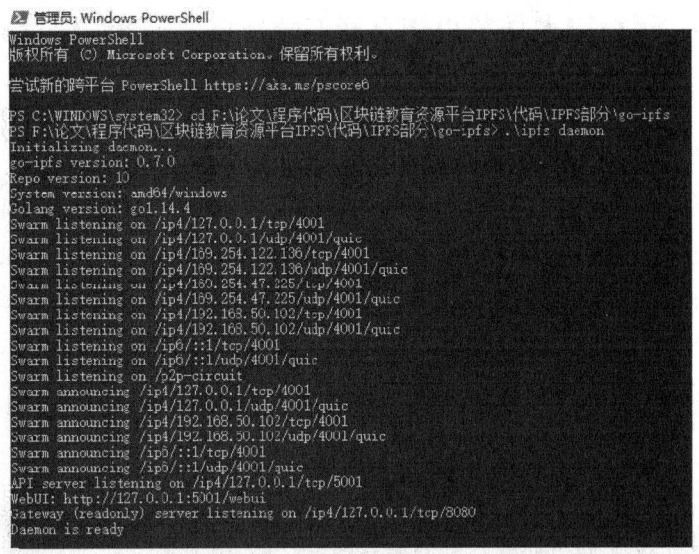

图 5-9　IPFS 节点服务器启动成功

然后再在浏览器内输入"http：//127.0.0.1：5001/webui"进入 IPFS 前端交互界面。如图 5-10 所示，本主机所处的网络中一共发现了 246 个节点，其中本主机节点的地址为 QmW7rBucnnqswWja77ELvXGV1N3TMTTejKvD9K1YPD7FNf，且已经上传了 77.7 MB 的文件到 IPFS 网络中。

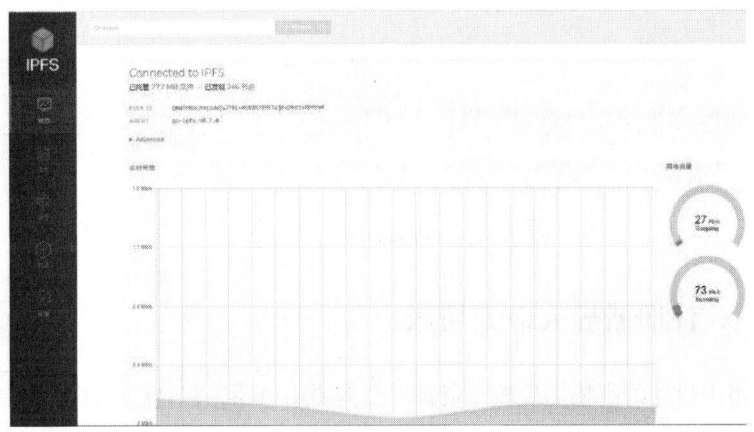

图 5-10　IPFS 前端交互界面

二、运行以太坊节点仿真器 Ganache

为了能够实现对本平台的快速开发、测试，并把主要精力放在对去中心化思想的理解和去中心化应用的逻辑开发上面，本教育资源平台选用了以太坊节点仿真器 Ganache 来模拟区块链节点。通过 Ganache 可以模拟实现真实的以太坊区块链网络的功能，而且开发者还能将智能合约编写编译后在 Ganache 上部署并测试，能得到快速及时的反馈，进而提升开发效率。

打开 Ganache 客户端后可以看到，客户端内已经默认自动创建了 10 个以太坊账户，且每个账户内预先分配了 100 个测试以太币供仿真使用，如图 5-11 所示。然后，配置其 API 接口地址为 http://127.0.0.1:7545，NETWORKID 为 5777。

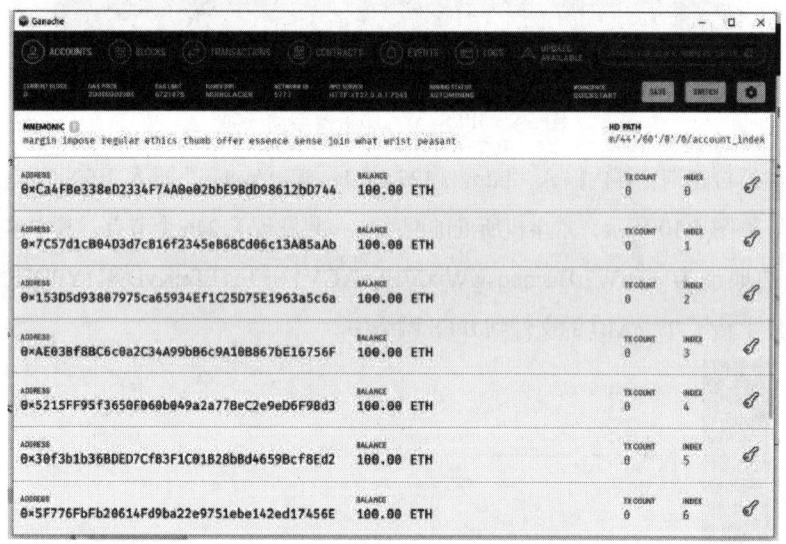

图 5-11　Ganache 运行界面

三、注册或导入以太坊账户

本书中设计的高校优质教育资源平台需要用户预先在自己的浏览器中安装一个名为"MetaMask"的以太坊钱包插件，用来管理以太坊账户内的余额及交易明细。它使用起来简单且不需要进行复杂的环境配置，如图 5-12 所示。

第五章 基于区块链技术的高校优质教育资源平台实现与优化测试

图 5-12　安装 MetaMask 插件并注册

前面 Ganache 已经生成了以太坊账户用于测试，因此这里只需要将以太坊账户私钥（PRIVATEKEY）复制并导入 MetaMask。若 MetaMask 中的账户地址和余额与 Ganache 中相同，则说明导入成功，如图 5-13 和图 5-14 所示。

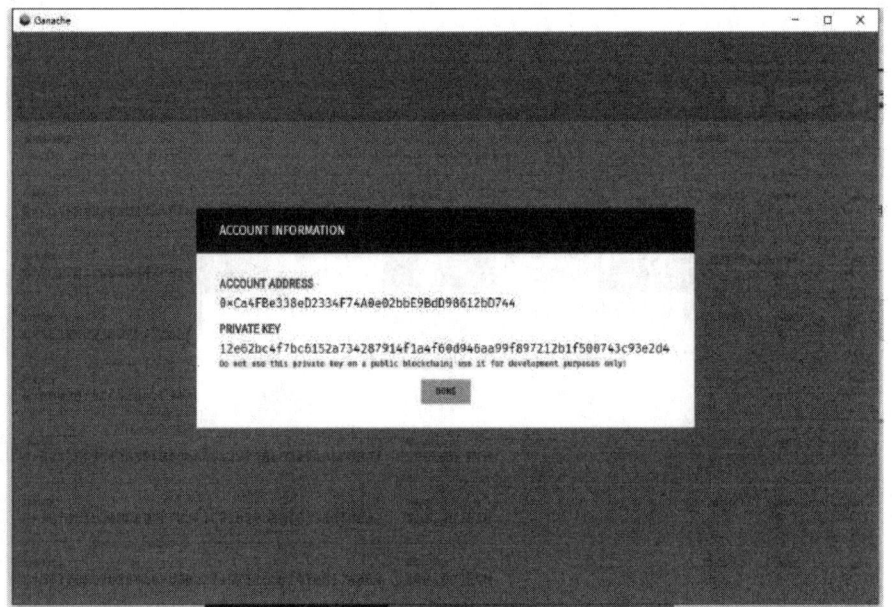

图 5-13　复制 PRIVATE KEY

图 5-14　账户导入成功

四、教育资源平台的智能合约的编译和部署

在本资源平台的项目目录下打开 Windows PowerShell 窗口，分别输入并执行 "truffle compile" 和 "truffle migrate" 命令，对已经编写好的智能合约进行编译并部署。其大致过程如图 5-15 所示。

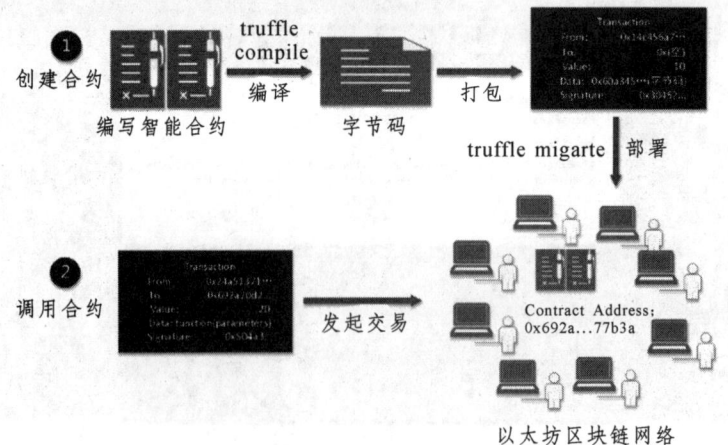

图 5-15　智能合约的创建与调用

智能合约的部署过程也会被看作是一笔交易，将其打包成区块并加盖时间戳以后，会被保存到以太坊区块链中。因此，如果输出结果出现图 5-16 中的"Saving migration to chain."，则说明智能合约已经成功部署。其中，transaction hash 为这笔交易的 Hash 值；Blocks 为交易信息当前所在的区块；contract address 为合约地址，可以通过向合约地址发出调用指令来对该合约中的某个合约方法进行调用；block number 为区块编号；block timestamp 为当前区块生成时的时间戳；account 为部署此合约的以太坊账户；balance 为当前以太坊账户的余额，并且智能合约的部署和调用都会产生 Gas，所以还有 gas used、gas price 等参数。合约的部署过程并没有涉及转账交易，没有资金往来，因此 valuesent 的值为 0。

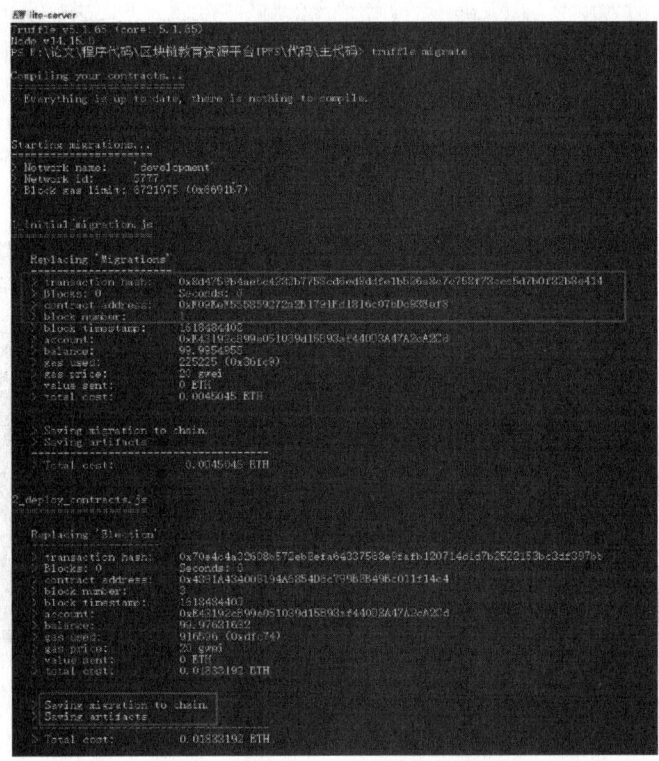

图 5-16 智能合约的编译和部署

此时回到 Ganache 后台，会发现以太坊区块链上已经产生了 block number 为 1 的区块，如图 5-17 所示，在该区块中有"CONTRACT CREATION"的标注，说明该区块确实是在智能合约创建时生成的，同时区块里面保存的"Transaction hash"和合约地址与图 5-16 后端显示的信息一致，这也印证了智能合约在以太坊的部署也会被看作是一笔交易的说法。

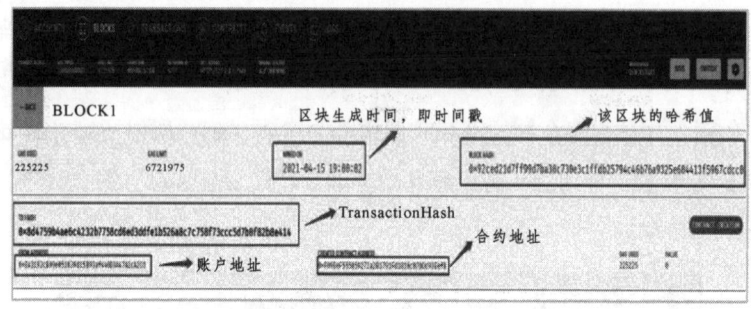

图 5-17　区块内部详细信息

完成智能合约的编译和部署后，执行"npmrundev"命令启动教育资源平台项目，如图 5-18 所示。

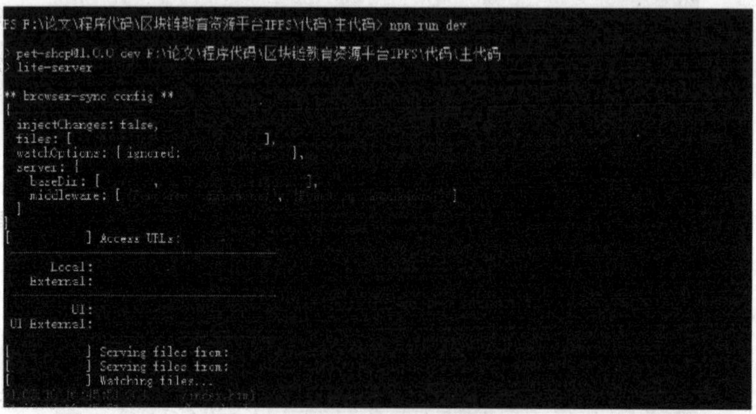

图 5-18　启动教育资源平台项目

启动成功后打开浏览器并在地址栏中输入"http://localhost:3000/"，便可以进入教育资源平台主页面，然后等待用户的后续操作，如图 5-19 所示。

图 5-19　教育资源平台主页面

第三节　高校优质教育资源平台关键模块的实现

一、注册及登录模块

1. 注册功能

注册账号是用户使用本教育资源平台的第一步操作，其界面如图 5-20 所示。注册时用到的以太坊账户地址可以通过 Meta Mask 插件创建，也可以输入自己之前已有的以太坊账户地址。后台会根据该地址进行判断，保证一个地址对应一个账户。用户输入用户名、密码、学校、身份以及以太坊地址的注册表单信息后，进行注册。

图 5-20　用户注册界面

2. 登录功能

用户在账号注册完成后，就可以回到登录界面，然后输入用户名和密码即可登录，如图 5-21 所示。

图 5-21　用户登录界面

二、基于 IPFS 的资源存储模块教育资源

创建者进入事先部署好的 IPFS 文件系统，点击"Import"将已创建好的各种格式的教育资源文件加密后上传至 IPFS。上传成功后 IPFS 会返回给用户基于该文件内容的唯一 Hash，此时该教育资源文件就被分布式永久保存在其中，如图 5-22 所示。

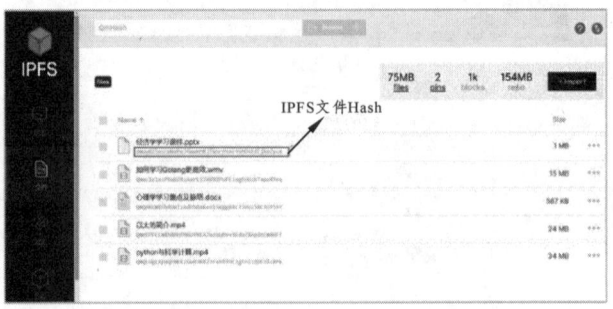

图 5-22　教育资源成功上传到 IPFS

三、教育资源发布模块

本模块主要用于教师用户发布或撤回自己上传的教育资源文件，将教育资源发布到平台上时需要输入该教育资源详情表单，如资源名称、资源格式、资源价格、资源 Hash 等。其界面如图 5-23 所示。

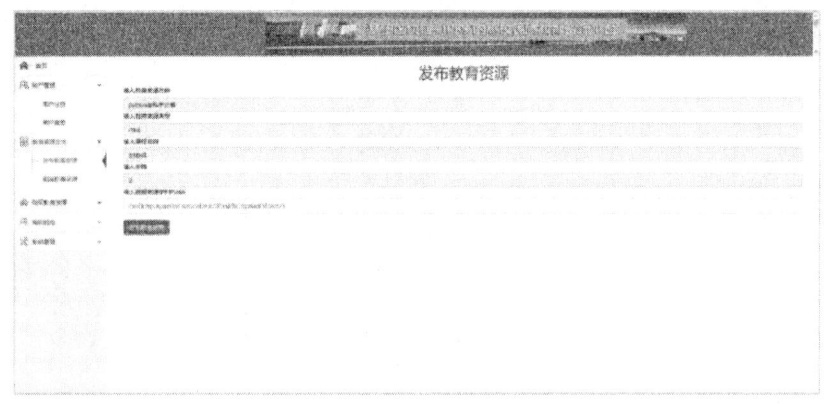

图 5-23　教育资源发布界面

教育资源的发布要调用智能合约方法，因此需要消耗很少量的 Gas（即手续费），如果出现如图 5-24 所示的界面，则说明智能合约交互已经成功并返回交易记录，教育资源文件被成功发布到平台上。

图 5-24　合约交互消耗 Gas

教育资源文件成功发布后，便能够通过 Web3.js 调用智能合约从区块链中获取该资源的相关数据信息，并将其返回到浏览器控制台窗口，如图 5-25 所示。

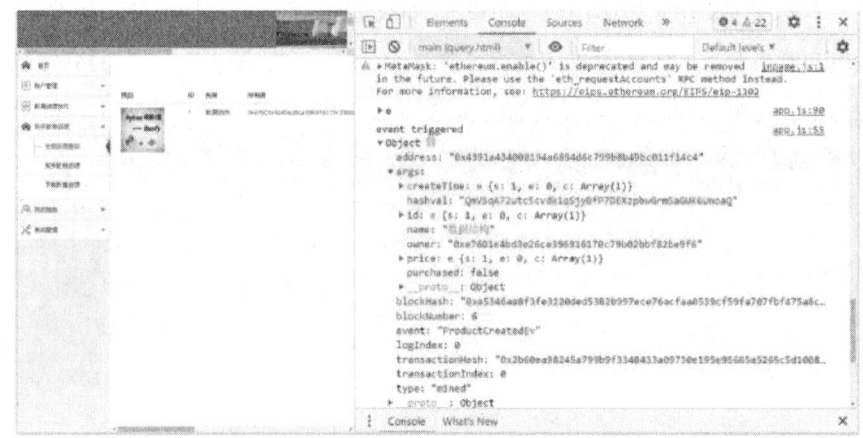

图 5-25　教育资源数据信息被打印到浏览器控制台

浏览器控制台窗口中重要数据释义如表 5-3 所示。

表 5-3　教育资源上链数据

字段名称	说明
creatTime	教育资源发布上链时间
hashval	教育资源的 IPFS 唯一 Hash 值
id	教育资源的唯一编号
name	教育资源名称
owner	该教育资源的版权所有者
price	资源价格
blockHash	教育资源数据所在区块的区块 Hash 值
blockNumber	教育资源数据所在区块的区块号
event	合约事件
transactionHash	该事务 Hash 值
transactionIndex	该事务序号

第五章 基于区块链技术的高校优质教育资源平台实现与优化测试

此时查看底层以太坊区块链可以发现，该教育资源的相关数据信息确实如浏览器控制台所显示的那样已经被打包到新区块"BLOCK6"中并上链存储，如图5-26所示。

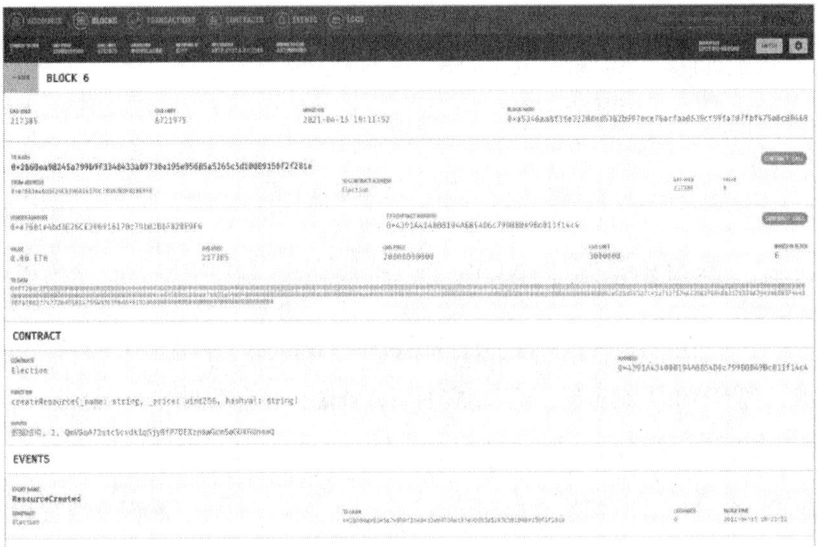

图5-26 教育资源数据信息被打包到区块上并加盖时间戳

四、教育资源详情展示模块

对于已经成功发布到平台上的教育资源，平台会通过智能合约调用来从以太坊区块链中获取并展示该资源的详细信息，如图5-27所示。其中，资源ID、资源名称、资源的所有者、资源价格、资源Hash、资源上传时间等信息，这些教育资源相关数据信息均已经被打包成区块上链存储，可以为后期教育资源的版权确权提供依据，从而很好地保护了资源创建者的版权，令资源创建者不再担心被侵权问题，提高了资源创建者的创作积极性。

图 5-27 已发布资源详情界面

五、教育资源交易模块

学生用户在找到自己心仪的教育资源以后,输入该教育资源 ID 和价格后即可通过智能合约的自行运行购买相应的教育资源,并自动调用 MetaMask 将该资源的收入转账到资源创建者的账户中,如图 5-28 和图 5-29 所示。

图 5-28 购买教育资源

图 5-29 智能合约自动调用钱包转账

此时打开浏览器控制台窗口就能看到这笔交易的相关信息已经被上传到以太坊区块链存储，如图 5-30 所示。其中，transactionHash 表示该笔交易的哈希值，blockHash 表示存放该交易数据的区块哈希值，blockNumber 表示该区块的编号。

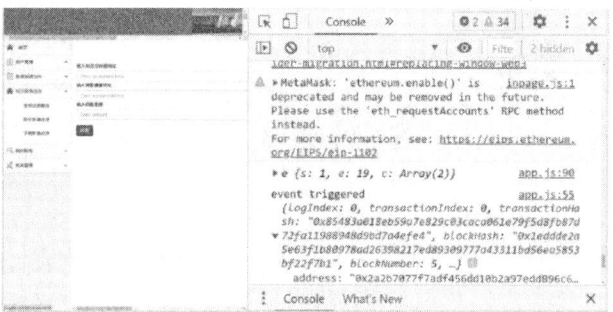

图 5-30 浏览器控制台打印交易数据

六、教育资源在线观看及下载模块

点击平台功能区的教育资源下载按钮，然后在文本框中输入基于该教育资源文件的唯一 Hash 并点击下载之后，平台就会自动通过 IPFS 接口从 IPFS 文件系统中提取该资源文件并下载到学生用户本地磁盘中或者直接在平台内观看，供其学习，如图 5-31 和图 5-32 所示。

图 5-31　教育资源在平台内观看

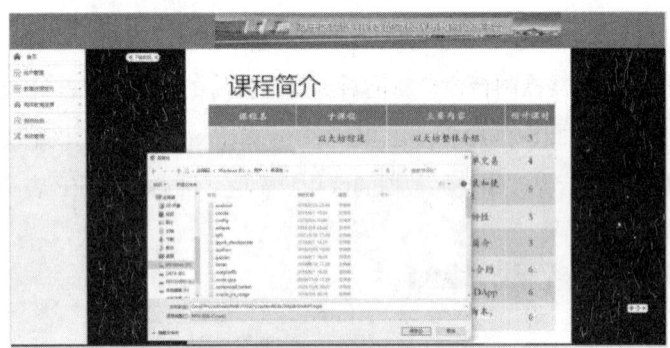

图 5-32　将教育资源下载到本地文件夹

第四节　高校优质教育资源平台优化测试

一、测试环境

考虑到测试的经济成本因素，本平台测试工作没有使用正式的以太坊平台，而是采用以太坊节点仿真器 Ganache 的测试网络。教育资源平台的具体测试环境如表 5-4 所示。

表 5-4　测试环境

项目	配置
CPU	Intel Corei5-8250U
内存	1 TB
操作系统	Win10
软件环境	Node.js、Web3.js、Chrome、MetaMask

二、用户注册测试

用户在本教育资源平台进行账号注册的过程中，需要分别填写用户名、密码、学校、身份和以太坊账户地址。其中，一个账号只能与一个以太坊账户地址绑定，且已绑定的以太坊账户地址不能再绑定别的账号。如果注册信息填写不全或以太坊账户地址重复，都会导致注册不成功。平台用户在注册过程中可能会出现下面三种情况：

（1）以太坊账户地址是首次注册且信息填写完整，即注册成功；

（2）以太坊账户地址重复，注册失败；

（3）信息填写不完整，注册失败。

用户注册测试用例和结果如表 5-5 所示。

表 5-5　用户注册测试用例和结果

功能名称	用户注册
操作人员	学生用户
测试目标	验证平台用户注册功能中平台对不同输入情况的处理，包括正确输入后的界面跳转和错误输入后的提示
测试数据	1. 用户名：jim 密码：123456 身份：学生 以太坊账户地址：0x6a1Cab20ad597Fe066ce6883f3bCbd5E128a4C96 2. 用户名：jack 密码：123789 身份：学生

	以太坊账户地址：0x6a1Cab20ad597Fe066ce6883f3bCbd5E128a4C96（已注册） 3. 用户名：tom 密码：123456 身份：学生 以太坊账户地址 0x21CD335F7F6C45D513c302FFaEba4391e2C3a182
操作步骤	进入平台账号注册界面，填写用户名、密码、学校、身份、以太坊地址等相关信息，然后点击注册
预期结果	1. 用户注册成功并跳转至登录界面 2. 用户注册失败，提示以太坊地址已被注册 3. 用户注册失败，提示学校未填写
实际结果	与预期结果一致

三、用户登录测试

在本平台用户登录功能中，要求正确填写用户名和密码，如果用户名和密码不匹配，将会导致登录失败。平台用户在登录过程中可能出现以下两种情况：

(1) 用户名与密码匹配；

(2) 用户名与密码不匹配。

用户登录测试用例和结果如表 5-6 所示。

表 5-6 用户登录测试用例和结果

功能名称	用户登录
操作人员	学生用户
测试目标	验证平台用户登录功能中平台对不同输入情况的处理，包括正确输入后的界面跳转和错误输入后的提示
测试数据	1. 用户名：Jack 密码：123456 2. 用户名：Jack 密码：123789（用户名和密码不匹配）
操作步骤	进入注册界面，填写用户名、密码，点击登录
预期结果	1. 用户登录成功并跳转至平台主页面 2. 用户登录失败，提示密码不正确
实际结果	与预期结果一致

四、教育资源发布测试

本平台资源发布功能中,要求教师用户正确填写资源名称、资源格式、资源价格、资源 Hash 等信息,由于教育资源发布过程中需要调用智能合约,会消耗很少量的 Gas。所以,教师的以太坊账户中的余额要大于 Gas 消耗,否则教育资源的上传就会失败。教师用户在发布教育资源过程中可能出现以下三种情况:

(1) 所有信息填写完整,账户内有足够的 ETH 供合约部署 Gas 消耗;

(2) 所有信息填写完整,账户内没有足够的 ETH 供合约部署 Gas 消耗;

(3) 信息填写不完整。

教育资源发布测试用例和结果如表 5-7 所示。

表 5-7 资源发布测试用例和结果

功能名称	教育资源发布
操作人员	教师用户
测试目标	验证教师用户在发布教育资源过程中平台对不同情况的处理,包括正确操作后的成功发布和错误操作后的提示
测试数据	1. 资源名称:区块链编程设计 资源格式:MP4 资源价格:2 资源 hash:QmQc9gLXpuqFmFKzGW43K8Z3FxMff9C2gtnizdDE3ic8Pk 账户余额 > Gas 消耗 2. 资源名称:区块链编程设计 资源格式:MP4 资源价格:2 资源 hash:QmQc9gLXpuqFmFKzGW43K8Z3FxMff9C2gtnizdDE3ic8Pk 账户余额 < Gas 消耗 3. 资源名称:区块链编程设计 资源格式:MP4 资源价格:Null 资源 hash:QmQc9gLXpuqFmFKzGW43K8Z3FxMff9C2gtnizdDE3ic8Pk
操作步骤	进入教育资源发布界面,填写资源名称、资源格式、资源价格、资源 Hash,点击发布教育资源

预期结果	1.资源发布成功并在资源详情页面显示，Ganache 中显示本次将教育资源发布到平台的交易已成功被打包到区块上并加盖了时间戳 2.资源发布失败，提示账户余额不足 3.资源发布失败，提示资源价格未填写
实际结果	与预期结果一致

五、教育资源交易测试

在本平台教育资源交易功能中，要求学生用户在购买教育资源时正确填写资源 ID、价格、收款人账户且账户余额足够购买该教育资源。学生用户在购买教育资源过程中可能出现以下三种情况：

(1)资源 ID、价格、收款人账户均正确，账户余额足够；

(2)资源 ID、价格、收款人账户其中任一不正确，账户余额足够；

(3)资源 ID、价格、收款人账户均正确，账户余额不足。

资源交易测试用例和结果如表 5-8 所示。

表 5-8　资源交易测试用例和结果

功能名称	教育资源交易
操作人员	学生用户
测试目标	验证学生用户在购买教育资源过程中平台对不同情况的处理，包括正确操作后的成功购买和错误操作后的提示
测试数据	1. 资源 ID：1 资源价格：2 ETH 收款人账户：0x28c005f7845C50F036843959021F0e0fc6eeE4e9 账户余额 > 资源价格 2. 资源 ID：1 资源价格：4 ETH 收款人账户：0x28c005f7845C50F036843959021F0e0fc6eeE4e9 账户余额 > 资源价格 3. 资源 ID：1 资源价格：2 ETH 收款人账户：0x28c005f7845C50F036843959021F0e0fc6eeE4e9 账户余额 < 资源价格

操作步骤	进入教育资源购买界面,填写资源 ID、资源价格、收款人账户,点击购买教育资源
预期结果	1.教育资源购买成功,并在 Ganache 中显示本次交易已成功被打包到区块上并加盖了时间戳 2.教育资源购买失败,提示购买信息错误 3.教育资源购买失败,提示余额不足
实际结果	与预期结果一致

六、教育资源下载测试

在本平台教育资源下载功能中,要求学生用户将已购买的教育资源文件 Hash 正确填写到文本框中,再点击下载。学生用户在教育资源下载过程中可能出现以下两种情况:

(1)资源文件 Hash 正确;

(2)资源文件 Hash 不正确。

资源下载测试用例和结果如表 5-9 所示。

表 5-9 资源下载测试用例和结果

功能名称	教育资源下载
操作人员	学生用户
测试目标	验证平台教育资源下载功能中平台对不同输入情况的处理,包括正确输入后的文件下载和错误输入后的提示
测试数据	1. 资源文件 hash:QmQc9gLXpuqFmFKzGW43K8Z3FxMff9C2gtnizdDE3c8Pk 2. 资源文件 hash:QmQc9gLXpuqFmFKzGW43K8Z3FxMff9C2gtnizdDEr4Pnk(后几位错误)
操作步骤	进入教育资源下载界面,填写资源文件 Hash,点击下载
预期结果	1. 教育资源成功下载到本地 2. 教育资源下载失败,提示 Hash 不正确
实际结果	与预期结果一致

本章主要介绍了高校优质教育资源平台的实现与测试。首先，对平台的开发环境、以太坊联盟链部署和 IPFS 部署进行了说明。其次，简单介绍了平台开发实现和运行步骤。再次，对资源平台的关键功能模块进行了逐一实现并界面展示。最后，将资源平台测试表格化，以方便对比和后期查阅，测试用例内容包括功能名称、操作人员、测试时间、测试目标、测试数据、操作步骤、预期结果和实际结果。

参 考 文 献

[1] 周奔波，菊梦. 迈入高等教育新时代：问题与对策[J]. 中国冶金教育，2018(3)：36-37.

[2] 侯耐荣. 我国东西部高等教育发展不均衡的比较分析[J]. 医学教育探索，2007(3)：198-199+202.

[3] 蔡文伯，李晓娟. 东西部高等教育协调发展的现状及对策研究[J]. 石河子大学学报(哲学社会科学版)，2009，23(03)：82-85.

[4] 唐宜清. 高校数字化教育资源云共享模式与机制分析[J]. 无线互联科技，2019，16(21)：88-89.

[5] 翟雪松，史聪聪. 《教育信息化十年发展规划(2011—2020 年)》的实施现状、挑战与展望[J]. 现代教育技术，2020，30(12)：20-27.

[6] 谢宇. 基于云计算的多校区教学资源共享研究[J]. 信息与电脑(理论版)，2016(17)：254-256.

[7] 蒋晋芳. 远程教育资源共享机制的探索[J]. 西部素质教育，2016，2(24)：41.

[8] 黎孟雄，李杨. 基于区块链的教育资源智能分发平台研究[J]. 长沙大学学报，2020，34(02)：49-54.

[9] 刘丰源，赵建民，陈昊，徐振国. 基于区块链的教育资源共享框架探究[J]. 现代教育技术，2018，28(11)：114-120.

[10] 顾谊. 基于云计算的海量教学资源存储模型的研究与实现[D]. 南昌：南昌大学，2015.

[11] 何春梅. 高校精品视频公开课建设问题与路径优化研究[D]. 重庆：西南大学，2015.

[12] 刘绒. 高校数字教学资源平台的共建与共享研究[J]. 科教文汇(中旬刊)，2015(3)：135-136.

[13]赵满,闫文达,尹宏飞. 信息时代背景下职业院校优质资源共享体制机制的研究[J]. 信息化建设,2016,11(13):21.

[14]周平. 中国区块链技术和应用发展白皮书[R]. 北京:中国区块链技术和产业发展论坛,2016:36-37.

[15]张亮. "2018年中国区块链产业高峰论坛"在京召开领导大咖论道区块链未来[J]. 信息技术与信息化,2018(06):4.

[16]武崇智. 区块链的培育之路[J]. 上海信息化,2017(07):31-33.

[17]唐宇. 区块链技术在教育教学中的应用与挑战探析[J]. 网络安全技术与应用,2020(10):126-127.

[18]詹碧华. "区块链"是什么?——去中心化的可信数据库[J]. 中国周刊,2019(11):24-25.

[19]陈烨,许冬瑾,肖亮. 基于区块链的网络安全技术综述[J]. 电信科学,2018,34(3):10-16.

[20]杨现民,李新,吴焕庆,赵可云. 区块链技术在教育领域的应用模式与现实挑战[J]. 现代远程教育研究,2017(02):34-45.

[21]杨许亮. 基于区块链技术在教育领域的应用研究[J]. 计算机产品与流通,2020(4):184-185.

[22]李明飞,许晓文. 区块链技术在高校教育领域中的运用[J]. 智库时代,2018(48):119-120.

[23]SHLOK G, MAANAV M. Blockchain for Student Data Privacy and Consent[C]//In Proceedings of the 2018 International Conferenceon Computer Communication and Informatics(ICCCI),2018:1-5.

[24]WU B, LI Y. Design of Evaluation System for Digital Education Operational Skill Competition Based on Block chain[C]//2018IEEE15th International Conference one-Business Engineering(ICEBE),2018(1):102-109.

[25]李青,张鑫. 区块链:以技术推动教育的开放和公信[J]. 远程教育杂志,2017,35(1):36-44.

[26]许涛. 区块链技术在教育教学中的应用与挑战[J]. 现代教育技术，2017，27（1）：108-114.

[27]金义富. 区块链+教育的需求分析与技术框架[J]. 中国电化教育，2017（9）：62-68.

[28]沈丹丹. 基于区块链理念的数字化教育资源共享模式的构建研究[J]. 中国医学教育技术，2019，33（03）：295-299.

[29]JUAN BENET. IPFS-可快速索引的版本化的点对点文件系统[EB/OL]. [February2018]. https：//blog.csdn.net/han0373/article/details/80569425.

[30]CHEN Y，LI H，LI K, et al. Animproved P2P file systems cheme based on IPFS and Blockchain[C]//. IEEE International Conferenceon Big Data. IEEE，2018：2652-2657.

[31]NIZAMUDDINN，HASANHR，SALAHK. IPFS-block chain–based authenti city of online publications [M]//Lecture Notesin Computer Science. Cham：Springer International Publishing，2018：199-212.

[32]殷慧霞. Web3.0 及其教育应用探究[J]. 信息技术与信息化，2018（6）：163-165.

[33]尹春林，杨政，刘柱揆，等. 区块链关键技术及框架体系综述[J]. 云南电力技术，2018，46（6）：19-25.

[34]汤晟，吴朝晖. P2P-对等网络的未来[J]. 计算机应用研究，2004（1）：13-16+22.

[35]沈鑫，裴庆祺，刘雪峰. 区块链技术综述[J]. 网络与信息安全学报，2016，2(11)：11-20.

[36]李彬. 浅谈非对称加密方式及其应用[J]. 信息记录材料，2021，22（1）：214-215.

[37]刘童桐. 区块链共识机制研究与分析[J]. 信息通信技术与政策，2018（7）：26-33.

[38]CHRIS DANNEN. IntroducingEthereumandSolidity[M]. Apress，Berkeley，CA：2017.

[39]李爽，曹楠. 智能合约的特点及其在债券市场的应用[J]. 债券，2016（12）：49-51.

[40]顾明远. 学习和解读《国家中长期教育改革和发展规划纲要（2010—2020 年）》[J]. 高等教育研究，2010，31（07）：1-6.

[41]周国华，蒋国伟. 论我国高校教师激励机制的问题、原则及其实现[J]. 教育与职业，2013（12）：66-67.

[42]李倩，刘大为. 基于产出质量的高校教师教学绩效评价研究[J]. 黑龙江科学，2015，

6(8)：96-97+95.

[43]柏乐飞. 区块链的核心技术分析[J]. 现代商贸工业，2019，40(17)：84-85.

[44]张勇. 基于区块链技术的数字版权隐私性研究[J]. 信息与电脑(理论版)，2019(3)：48-49.

[45]史强. 区块链技术对未来我国高等教育的影响[J]. 高教探索，2018(10)：5-13.

[46]杨保华. 区块链原理、设计与应用[M]. 北京：机械工业出版社，2017.

[47]张渝江. 区块链技术：教育的真正变革者[J]. 中国信息技术教育，2018(9)：88-91.